苏绘土布

工艺鞋垫

街头布艺

抬新娘

欢歌载舞

广场舞蹈

茶马古道

山吧

仙果采摘园

传统农具

土坑头

伟人铜像

全民科学素质行动计划纲要书系
当代农民科技教育培训丛书

小·康·之·路

农村文化
资源的开发与经营

中国科学技术协会
中国农业科学院　　组织编写

屈冬玉　杨　旭　　丛书主编
黄映晖　史亚军　编　著

科学普及出版社
北京

图书在版编目(CIP)数据

农村文化资源的开发与经营/中国科学技术协会,中国农业科学院组织编写. —北京:科学普及出版社,2009.3

(全民科学素质行动计划纲要书系　当代农民科技教育培训丛书　小康之路)

ISBN 978-7-110-06274-6

Ⅰ. 农…　Ⅱ.①中…②中…　Ⅲ. 农村-文化-产业-研究-中国　Ⅳ. G124

中国版本图书馆 CIP 数据核字(2009)第 026337 号

本社图书贴有防伪标志,未贴为盗版

科学普及出版社出版

北京市海淀区中关村南大街16号　邮政编码:100081

电话:010-62173865　传真:010-62179148

http://www.kjpbooks.com.cn

科学普及出版社发行部发行

北京正道印刷厂　印刷

*

开本:850毫米×1168毫米　1/32　印张:6.375　字数:160千字

2009 年 6 月第 1 版　2010 年 7 月第 4 次印刷

定价:18.00元

ISBN 978-7-110-06274-6/S · 455

策划编辑：史晓红
责任编辑：史晓红　王浩宇
责任校对：孟华英
责任印制：李春莉

内容简介

当世界各国大力推进设施农业、立体农业、高新农业等现代农业生产方式的同时，观光农业以其鲜亮的姿色进入了人们的视野，并很快成为人们休闲度假的首选活动。

近年来，观光农业活动的内容和方式不断丰富，其中农村文化观光旅游尤为活跃。该书以我国丰富的农村文化资源为抓手，就农村历史文化资源、农业生产文化资源、农村名人故里与历史遗迹文化资源、农村民情民俗文化资源等多个方面，进行了更深层次的文化性的内涵发掘，同时重点讲述了这些资源的开发、利用、经营和管理等一系列广大农民关切的问题。

序　言

　　胡锦涛总书记在党的"十七大"报告中指出，解决好"三农"问题事关全面建设小康社会大局，必须始终作为全党工作的重中之重，要加强农业的基础地位，走中国特色农业的现代化道路，培育有文化、懂技术、会经营的新型农民，发挥亿万农民建设新农村的主体作用。这些重要的论述和部署，对我国今后的"三农"工作，对农业科技工作提出了新的要求，为推进农业科技进步指明了方向。

　　农业在国民经济发展中占有极其重要的地位，是安天下的战略性基础产业，农业科技则是国家经济发展、科学技术进步和生活水平提高的重要标志之一。近年来，现代科学技术的迅猛发展，极大地带动了农业科学技术的进步和发展。现代农业一方面带给了人们环保、绿色和营养更加丰富的农业食品；另一方面，又把农业生产过程变为精神产品，极大地丰富了现代人精神世界的多种需求。它已不再是仅仅具有食品安全保障功能的单一产业，而是被赋予了具有工业原料供给、增加就业、国民增收以及承载着生活传承、生产发展、生态安全、生活改善等一系列重要功能的新型综合性产业。

　　目前，我国农业仍处于传统农业向现代农业的过渡阶段，推进现代农业建设任务繁重。建设现代农业，需要现代科学技术的支撑，需要全民族的参与，特别是具有现代农业科技知识的广大农民的参与，农业科

学技术知识的普及意义重大。农业科技工作者不仅仅要作农业科技创新的主力军，更应成为现代农业科技知识的普及者和推动者以及广大农民学科学、用科学的好老师。

为推进我国现代农业建设，普及现代农业科学知识，推广和应用现代农业科技成果，提高广大农民科学素质，助力"全民科学素质行动计划纲要"的实施，中国科协、中国农业科学院共同组织编写了"小康之路"这套丛书。该套丛书有两个特点：第一是丛书的编辑始终以现代农业为主线，将近年来农业科技研究的最新科技成果编辑成书，在广大农民自身（包括合作组织）可实施的条件下，将现代农业的高新技术成果和先进农业技术介绍给读者，使他们听得懂、学的会，简便易行，立竿见影。第二是丛书特聘农业专家和学者撰写文稿，其中不乏我国老一辈著名农业专家和为我国农业科学事业作出贡献的青年学者。他们站在科学前沿，以诚挚的热情和高度责任感，接近广大农民，介绍最新、最实用的成果，让广大农民直接受益，从而激励更多的农民群众走上科技创富的道路。

最后，我们真心希望通过"小康之路"丛书的出版发行，使广大干部、农民、农业企业家能从中获得启迪，获得知识；也希望该书能为现代农业建设，新农村建设，普及现代农业知识，提高农民素质，加快农业生产手段、生产方式和生产理念的转变等方面发挥积极作用。

中国农业科学院副院长　屈冬玉

前　言

　　我国历史悠久，地域辽阔，资源丰富。五千年来的发展历程，创造了中华民族古老厚重而独具特色的文化历史，而作为人民赖以生存的农业生产和乡土风情的农业文化，又成为我国文化历史发展的主脉。

　　农业文化资源经历了岁月的洗礼，蕴含着丰富的历史信息。长期的积淀留下了无数的民间文化遗产，弥足珍贵。它凝聚着丰富的人文主义思想和民族精神，打上了深深的历史烙印，是传承历史文明的重要载体。对于后人探寻先辈文化，吸收先人的文明智慧和优秀文化传统，研究人类发展脉络，培养华夏儿女的爱国情感都具有极其重要的价值，是人类社会的宝贵资源。

　　农村文化资源是一种自然存在，不但具有文化价值、精神价值和思想价值，还具有经济价值、使用价值和消费价值，是可以转化的文化经济。充分利用传统农业文化的历史、情感、文学价值，能够促进农业文化与农业产业化经营的结合，延长特色农产品生产的产业链，培育和打造农业产品特色品牌。

　　国内外借助传统农业文化来包装农业产业，促进地方经济发展的范例不胜枚举。如韩国的"泡菜文化"不仅培育了坚韧不拔的民族精神，也让韩国泡菜成为一个世界知名大产业；法国悠久醇厚的"葡萄酒文化"，已渗透进法国的宗教、政治、文化、艺术及

生活的各个层面，全国有 20 万人从事葡萄酒及葡萄种植业，葡萄酒产量占世界的 1/5；阳澄湖大闸蟹这个文化品牌托起了一个年销售近千万吨的知名产业，该品牌的螃蟹价格显著高于其他螃蟹；高邮的双黄咸鸭蛋，更借着"一蛋双黄，天下无双"、"天上太阳月亮，地上鸭蛋双黄"的独特审美魅力，让世人"未识高邮人，先知高邮鸭"，使高邮鸭成为一个带动 5 万人就业、年产值 8 亿元的大产业；"樊哙白鼋烹狗肉"的神奇传说，让汉王故里沛县的鼋汁狗肉浓香万里，产品远销全国及韩、日、东南亚，该县每年狗肉销量达 3000 多吨。此外，还有许多地方通过挖掘农业特色文化，采取文化搭台经济唱戏，推动地方经济的发展，如举办"斗牛节、荷藕节、杨梅节"等等。这些农村文化产业的开发，为当地人民带来了丰厚的收益，有的甚至成为地方经济的支柱产业。

特别是随着现代生活需求多元化的发展以及近年兴起的观光农业活动内容和方式不断丰富，农村文化产业得到了长足的发展。各地新的农业文化项目靓丽纷繁、精彩纷呈。农村文化产业的开发和利用已经成为现代农业经济发展的重要内容之一。

该书以系统论思想为指导，以我国丰富的农村文化资源为抓手，就农村历史、文化资源、农业生产文化资源、农村名人故里与历史遗迹文化资源、农村民情民俗文化资源等多个方面，进行了深层次的文化性的内涵发掘和分类归纳，同时重点讲述了这些资源的开发、利用、经营和管理等一系列广大农民关切的问题，是我国新农村建设项目开发和经营的极具参考价值的图书资料。

该书在编写过程中，得到了北京农学院都市农业

研究所、北京时空新知科技发展中心等单位的大力支持，对此，我们表示衷心感谢，并对书中所采用的文献作者和出版单位一并致谢。

由于编辑出版工作时间仓促，书中难免有缺点和不足之处，敬请广大读者批评指正。

编　者

目　录

第一章　农村文化与文化资源概述

第一节　农村文化与农村文化资源基本概念

一、文化与农村文化的概念

中国有几千年的农业文明史，我们的先人创造了灿烂的文化。广义而言，文化应是一个民族的整体生活方式及其价值系统。狭义上讲，文化是指人类的精神生产及其成果的结晶。农村文化是就生存地而言生成的物质文化和精神文化的总和，是中华文化的重要组成部分。

农村文化是中国最有代表性的大众文化。它由物质文化、行为文化、制度文化、精神文化几个层面组成，是一种生发于传统农业社会、以农民为载体的文化，通过乡村群众个体和集体努力创造并世代传承而逐步形成，具有适应当地经济社会发展的各种功能。农村文化传承的载体和模式是建立在农村以农业为主的环境里，所有村民既是传承的载体同时也是传承的主体，在各种场合都会以不自觉的方式传承着本村本土的文化。

二、文化资源的特征及分类

（一）文化资源的特征

广义地说，文化产业资源是指一切可以产业化的文化存在对象。作为一个文化概念，文化资源不仅具有自然属性，它还是社会的产物，是人类文化的观念对象，具有其文化属性。

从资源的社会性存在来看，文化产业资源具有这样几个特征。

1. 资源的生产性

即文化产业资源不仅是一种自然存在，还可以用于社会的文化生产，成为可以转换为文化产品的资源。

2. 资源的价值性

文化产业资源蕴藏着其潜在的巨大价值，不仅具有文化价值、精神价值和思想价值，还具有经济价值、使用价值和消费价值。

3. 资源的传播性

文化产业资源是一种可以流动的资源，它决定了全球化时代文化格局的复杂性和文化资源之间的可借鉴性和彼此融合性。

4. 资源的非消耗性

自然资源的利用一般都是消耗性的，这决定了自然资源的稀缺性和脆弱性。而文化资源则不同，有许多文化资源，如作为旅游文化的自然生态景观，作为无形资源基础的文化传统、民俗风情、品牌资源等，都是非消耗性的，可以反复利用。

5. 资源的再生性

作为精神文化的产业资源通常会具有再生性，这使得它们可以作为某种文化要素不断地在不同的文化产业结构中发挥作用。如传统文化中的和谐观念，既可以是一种宇宙观和道德观，也可以是一种政治、企业文化观，它会在不同的历史时期和不同的文化企业中再生新的文化内涵。

（二）文化产业资源的类型

1. 有形的物质资源

有形的物质资源是文化产业的基本载体，它大致包括四个方面的基本内容：一是富有特色的自然生态景观，如植被、湖泊、名山大川、园林、地质公园等；二是富含历史文化内涵的遗址和文物，如名胜古迹、陶瓷、器皿、碑刻、历史人物故居及祠墓、各类纪念地等；三是具有鲜明民族地方特色的工艺、饮食文化资源，如苏、湘、粤、蜀四大绣品，鲁、蜀、湘、苏、浙、徽、粤、闽八大菜系等；四是文化设施与设备资源，如图书馆、博物馆、体育场馆、电影院及其他各种公共娱乐文化设施设备等。

2. 无形的精神资源

无形的精神资源包括：一是优良的精神传统资源，如历史传说和故事等；二是通过文化艺术体现出的艺术审美资源；三是民俗风情资源，如生活生产习俗、社交礼仪习俗、岁时节令习俗和信仰习俗等；四是品牌资源；五是人类口述和非物质文化遗产资源。非物质文化遗产包括：①口头传说和表述；②表演艺术；③社会风俗、礼仪、节庆；④有关自然界和宇宙的知识和实践；⑤传统的手工艺技能。

第二节　农村文化资源产业开发

一、文化产业的概念和特点

文化产业是向消费者提供精神产品或服务的行业。一种文化活动只要有艺术魅力，对观众、听众有吸引力，就可以产生社会影响力。在市场经济条件下，这种社会影响力就可以转化为一种无形资本，这种无形资本同有形资本相结合，就可以产生经济效益。文化产业是社会生产力发展的必然要求，是随着社会主义市场经济体制的逐步完善和现代生产方式的不断进步，而发展起来的新兴产业。文化产业是当今全球发展最快的产业之一，被称为"无烟产业"和"朝阳产业"，甚至在一些国家成为支柱产业。

我国早期文化产业发展的历史，其实是文化事业的发展史。直到后来，文化产业才从文化事业中分离出来，独立发展。可以说，这种分离是伴随着市场经济的出现和国家大力推进第三产业发展而出现的。中共"十六大"报告第一次把"文化产业"与

"文化事业"作为两个概念区分开来，并把文化产业定性为"繁荣社会主义文化、满足人民群众精神文化需求的重要途径"。这是我们党在文化产业理论上的一个重大创新与突破，它为我国文化产业的发展在政策上提供了重要机遇。

（一）文化产业的特点

文化产业的主要特点包括如下几个方面：

（1）当代文化产业是在全球化条件下，消费社会形态下的文化经济和产业。

（2）当代文化产业的首要特征是高度依赖文化创新，以创意为主的产业形态。

（3）当代文化产业是建立在高科技传输手段之上的，以文化内容为主体的产业。

（4）当代文化产业是具有当代高科技传播方式，赢取注意力、吸引眼球的产业。

（5）当代文化产业是注重娱乐性、休闲性，注重体验的产业；文化产业是具有根本性的经济特征的产业。

（二）文化产业与其他相关产业的关系

文化产业主要分为影视业、音像业、文化娱乐业、文化旅游业、网络文化业、图书报刊业、文物和艺术品业、艺术培训业九大门类。实际上，文化产业的范围远远不止以上门类。除此之外，我国文化产业的范围还应该包括新闻出版、广播电视、文学艺术、信息产业的一部分。

文化产业与文化经济、文化贸易、体验产业、休闲产业、注意力经济、旅游业等有着密切联系。

1. 文化经济

文化经济表明了文化产业区别于一般文化的特殊性，体现了当代文化与经济的相互交融和文化经济化、经济文化化的当代趋势，表明了文化对于当代世界经济发展的重要意义。

2. 创意产业

创意产业是从创造者、策划者、设计者的个人创造力出发，强调文化产业的智能化、创新性和技术性特征，还包含了国家宏观政策性的设计、规划和推动。

3. 内容产业

内容产业则是从产品自身的内容出发考虑的理念，是知识经济浪潮中以信息高新技术、互联网与数字化为基础产生的概念，它关注当代数字类产品，特别是媒体产业的文化内容。

4. 版权产业

版权产业指的是从知识内容、市场权益出发作出的分类理念，主要是美国（北美）采用的文化产业概念，它高度关注知识产权的归属，与美国这个版权大国的国家利益有着密切关系。

5. 注意力经济与眼球产业

注意力经济与眼球产业概念依据的是当代媒介革命的巨大成果，更关注文化产业的当代传播方式。

6. 体验产业与休闲产业

体验产业与休闲产业更突出了当代文化产业满足人们精神、文化、娱乐需要的特质，更关注文化产品或文化商品的消费者、体验者与当代文化消费、文化体验的独特方式。

7. 文化贸易

文化贸易是文化经济链条上的相关环节，如果说文化产业直接关注上游环节的话，文化贸易则更加关注下游环节，关注与文化产品制造紧密连接的文化产品的流通、交易与销售领域。

8. 旅游业

旅游业是经济与文化高度融合、相互渗透、具有深厚传统文化基础的现代经济产业，文化内涵越深厚，产业发展的前景越广阔。先进的文化作为一种特殊的生产力，正受到越来越多人的关注。文化旅游正是以先进的文化为基础，围绕着"吃、住、行、游、购、娱"，在发展文化旅游的同时促进相关产业的发展，从而实现经济的快速增长。

（三）农村文化产业的概念及特点

农村文化产业是指县、乡（镇）、村行政区域内的文化产业。它既具有大文化产业所具有的普遍属性，又具有其独特性。第一，农村文化产业具有市场化的特点。农村文化产业必须遵循市场经济规律，要依法经营、自我积累、自我发展；第二，文化产品资源要重点体现乡土特质和区域特色；第三，农村文化产业的主体是农民，阵地在农村；第四，农村文化产业创造的文化生产力来自农村，又有利于进一步发展农村；第五，农村文化产业经营的产品以具有地方历史传承特色的文艺演出、民间工艺、农业生态、自然生态旅游等为主要内容。

二、农村文化产业的开发

（一）农村文化资源开发的意义

（1）农村文化资源开发是适应时代、加强区域竞争力的需要。文化资源是人们从事文化生产或文化活动所利用或可资利用的各种资源。由于文化的精神性和文化资源开发的无限性，有人认为，世间一切可利用资源的最高层次在于文化资源。如同其他资源一样，文化资源如果得到开发，就会产生巨大的经济效益和社会效益。当今世界，文化在经济发展中占据的位置越来越重要，文化与经济相互融合、相互渗透，形成了经济文化和文化经济，形成了具有新功能的文化经济力或文化生产力。这种文化力是当今世界经济社会全面进步的主要推动力之一，是许多国家与地区经济起飞的强力驱动器。

（2）农村资源文化开发是经济发展的突破。我国幅员辽阔，民族众多，特别是农村地域面积大，农业生产历史悠久，悠久的历史文化和丰富的民族文化为广大农村地区积淀了众多的独特的文化资源，但是由于各种各样的原因，许多文化资源长期处于"野生"状态而没有得到有效的开发利用。若能充分利用丰富的农村文化资源开发文化产业，将有助于改善农村产业结构，增加农民收入，发展农村经济。

（二）农村文化产业开发的基本原则

（1）农村文化产业的发展要大力贴近群众生活，使农民喜闻乐见。这种文化产业在内容上要寓教于乐、贴近农民，具有乡土味，精神积极健康向上。

（2）农村文化产业的发展，要遵循内容重于形式、社会效益重于经济效益的原则。由于农村文化生活的匮乏，农民对于文化产品形成了很强的饥渴感，于是他们对于所有的文化产品都来者不拒。这样，一些粗制滥造的文化产品很容易在农村获得一定的市场，尽管其形式和内容都不健康，却有可能得到发展，结果反而有可能出现劣币驱逐良币的现象。因为民间文艺的潜在力量不可低估，如果健康的东西占领不了市场，不健康的娱乐活动自然就会来占领。因此，相关部门和投资者在投资于农村文化产业的时候，必须正确处理经济效益和社会效益的关系，在成本允许的情况下，尽快地以健康的、积极的文化产品占领农村市场。

（3）农村文化产业的发展要突出文化的民族性和地域性。我国地域辽阔、民族众多，再加上居住分散，这些不但限制了人与人之间的交往，而且限制了文化的传播和交流。在这种限制下，要想建设好农村文化产业，必须特别突出文化的民族性特征和本土化形式，即在当地、在本民族内先将农村文化建设起来，而不能盲目地追求与所谓的流行文化、高雅文化接轨。农村文化产业建设所追求的，应该是新的内涵：强调人与人的交流，强调人与自然的和谐，强调民族与民族的沟通与理解、交融，而不是形式上的新潮。

（4）着重抓好农村题材文艺作品的创作，在文明生活方式上起引导作用。农民对文化产品的需求更多的是思想感情得到表达和交流。农村文化不仅仅是组织节目唱大戏，而是要有真正反映农民心声的文化产品、文艺作品。现阶段中国的农民对于城市里生活方式的演变及其带来的心理裂变，是不大能够理解和接受的。那些城里人能够欣赏的作品，农民不一定欣赏。

第三节　农村文化项目经营与管理

一、打造特色农业文化品牌

充分利用传统农业文化的历史、情感、文学价值，能够促进农业文化与农业产业化经营的结合，延长特色农产品生产的产业链，培育和打造农业特色品牌。国内外借助传统农业文化来包装农业产业，促进地方经济发展的范例不胜枚举。如韩国的"泡菜文化"不仅培育了坚忍不拔的民族精神，也让韩国泡菜成为一个世界知名产业；法国悠久的"葡萄酒文化"，已渗透进法国的宗教、政治、文化、艺术及生活的各个层面，全国有 20 万人从事葡萄酒及葡萄种植业，葡萄酒产量占世界的 1/5；阳澄湖大闸蟹这个文化品牌托起了一个年销售近千万吨的知名产业，该品牌的螃蟹价格显著高于其他螃蟹；高邮的双黄咸鸭蛋，更借着"一蛋双黄，天下无双"、"天上太阳月亮，地上鸭蛋双黄"独特审美魅力，让世人"未识高邮人，先知高邮鸭"，使高邮鸭成为一个带动 5 万人就业，年产值 8 亿元的大产业；"樊哙白鼋烹狗肉"的神奇传说，让汉王故里沛县的鼋汁狗肉浓香万里，产品远销全国及韩、日、东南亚，该县每年狗肉销量达 3000 多吨。此外，还有许多地方通过挖掘农业特色文化，采取文化搭台经济唱戏，推动地方经济的发展，如举办"斗牛节"、"荷藕节"、"杨梅节"等等。

随着生活需求多元化的发展，文化将成为人们生活中不可或缺的内容，农业文化随着时代的发展也在不断丰富发展。因此在保护传统农业文化的同时，我们也要善于发现和创造新的农业文化。近年来各地新的农业文化靓丽纷繁、精彩纷呈，而龙虾文化则是其中的典范：盱眙人实施新闻传播战略，精心策划包装，连续举办四届中国龙虾节，硬把不登大雅之堂的小螯虾，吆喝成红遍全国的盛宴大餐，把龙虾做成国内极具盛名的特色产业，龙虾几乎成为盱眙县的代名词。同时，龙虾文化也随之应生，文人墨客留下了《龙虾节赋》、《鱼篓龙虾图》、《龙虾、河虾共处图》等许多颂诵龙虾的佳诗美画，著名诗人丁芒还写下了"明宫美酒大龙虾，赢得都梁满脸霞。归去成诗三百首，回赠淮畔一城花"的动人诗句。此外，与文化结缘的农业内容也越来越多，并涌现出许多新的农业文化节庆：奶文化、芦蒿节、葡萄节、银杏节、山羊节、赛牛会、稻米节等等，还有许多特色农产品也引入各种文化元素，如长寿健康食品、七彩花生、彩色棉花、彩色甘薯、印字水果等等。农业与文化的结姻并不是一种附庸风雅的做法，这是农业生产发展的必然现象，也是人们生活水平日益提高的客观需要，更是推进现代农业发展的新的突破点。

二、发展乡村旅游业

乡村作为农耕文化、乡土文化、民俗文化的重要基地和前沿，旅游业要实现可持续发展，必须努力实现与文化的融合，不断丰富旅游产品的文化内涵，不断创新文化旅游项目。现代旅游已不再仅仅停留在自然景观的表层，它更需要文化元素的充实。在发展乡村旅游时，必须清楚地意识到乡村旅游吸引力的本源是文化势差。这种文化势差是建立在空间势差、视觉势差、心理势差的基础之上。古老而厚重的乡村文化积聚着中华上下五千年的文化精华，千百年来历史不断冲刷而形成风格各异的村落民居承载了丰富的文化、民俗等人文信息，传承着中国的传统文化及农耕文化。在传统的乡村文化面前，城市文化难以保存中国本身最为原真的文化面貌，城市文化相对于乡村文化这一"本真文化"，两者之间出现了文化势差，这正是乡村旅游形成的吸引力本源。

文化是旅游的灵魂，没有独特文化的景区就没有特色，就不能提高旅游产品的档次，不能满足人们不断增加的旅游愿望和不断提高的旅游欣赏水平，就难有预期的吸引力，就难以吸引有文化有经济实力的消费群体。如韩国的"农村观光"景点也和中国的"农家乐"一样，主要是以农民自己的生产和生活条件作为开发旅游观光的资源。不同的是，他们的"农业观光旅游"主要突出的不是农民生活的现代化，而是一种古朴原始的传统生活的再现。无论是他们的农家建筑，还是农舍中的陈设，都表现出他们追求的是返璞归真的意境，是对传统文化的再现。他们的民居有意识地恢复了传统民居的风格。黄土筑墙茅草盖顶房，里边是原木的家具，没有刨光，更没有上油漆，一切是那么古朴自然。灶台连着地炕，是古代生活的再现；房前的小路不是像中国农村通常的那样是水泥的，而是用白色碎石铺成的。唯一现代的标志是屋中的电扇，但它安置在墙角，没有破坏屋中的古朴氛围。只有屋外白色的塑料椅与茅草房有些不协调，但那是因为不能滥砍树木。到处显示出自然生态、环保和民族化的特点，韩国的经济发达程度和现代化程度都超过中国，是亚洲率先富裕起来和最早实现现代化的国家之一，但是，他们对于自己民俗文化的态度，实在令人吃惊，值得中国学习。韩国的情况说明，他们对于在现代化进程中保持自己的传统的民俗文化具有自觉和清醒的认识。

乡村文化旅游作为一种消费方式，主要是依托农业和农村提供的一部分消费功能，通过农民的劳动和服务，不仅仅是以营养物、生活用品或工具等形态去满足人们的物质消费要求，而是以多姿多彩的情趣、体验和感受来满足其文化消费要求。这种以绿色农业、农村为主体的自然之旅对农民来说不足为奇，而对城市人来说，却是一种充满生机和趣味的农村自然文化风情之旅。如下田割谷插秧对农民来说是一种物质劳动，而对城市居民来说，却是一种特别的乡村文化旅游消费。这就是为什么乡村旅游如此引力巨大的原因。

农业文化是人们休闲观光的重要内容，近年来农业休闲观光已成为城郊型农业发展的新热点，同时它也是农业文化保护利用的一个重要载体。挖掘传统农业文化内涵，有利于提升农业观光休闲的水平和档次。许多农业文化具有极强的旅游观光娱乐功能，譬如传统斗鸡历史悠久，具有极强的娱乐性，从"顾敌知心勇，先鸣觉气雄。长翘频扫阵，利爪屡通中。飞毛遍绿野，洒血渍芳丛"的诗句中，我们不难感受到其中的乐趣。我国现存的斗鸡品种有5种，涉及斗鸡的诗词、寓言、童谣、谚语、成语典故也很多。再譬如从"蚁蚕脱皮、成蚕上山、吐丝结茧、破茧飞蛾到产卵孵化"的生产过程，就是一个绝佳的休闲活动内容，同时也是儿童参与体验式教育的生动题材，从中也可派生出许多旅游商机。近年来，农业文化已开始走进各种观光旅游项目之中，如澳大利亚的剪羊毛这种普通农活，已形成当地每年的节庆比赛，并成为赴澳游客必须参与的传统旅游项目。再如无锡吴文化公园中内设了"稻丰圩、堰里农舍、蚕桑巷"等场馆，通过丰富的资料、实物等手段，展现了五千年吴地农业文化，并通过踏水车、穿蓑衣、推石磨、捉泥鳅等农业活动，让游客亲身体验到传统农业生产特有的乐趣，实现保护与利用的双赢。此外，随着城市化的推进，许多充满诗情画意的传统原生态乡村风貌，也已变成珍贵的旅游休闲资源，成为人们心目中期盼的休闲天堂。

农业旅游的最大商机，在于能最大限度地挖掘其深厚的文化底蕴。由于农业文化旅游是一种高层次的文化型旅游，要达到其最好效益，就必须时刻以满足高层次文化旅游需求为目标。农业文化旅游中的文化是独特的文化，是以旅游了解农村生活方式、民族特点和地方特色。游客正是通过这些，才"入乡随俗"地较为直接地接触到旅游地的农业文化，实现追求文化差异或文化认同，实现审美和自我完善的旅游目的。因此，农业文化旅游如果能在深厚的文化底蕴上多下工夫去挖掘，就能获得最丰厚的商机。

三、挖掘农村文化核心元素

做好农村文化产业项目的开发与经营，要形成能够引起农村农民共鸣的文化元素。文化是一个民族的根、一个民族的魂。中华文化元素是构成中华文化的基本成分和精髓，相当于人体的基因。中华文化元素一般由显性因素和隐性因素两部分构成，显性因素，如文学艺术、经史典籍、民族服饰、历史遗迹、节日风俗、书法篆刻，乃至于中国结、奥运吉祥物福娃，甚至一把纸扇、一撮茶叶。而隐性因素是那种支撑我们中华民族发展到今天，并使中华文明成为世界上唯一没有中断的文明的精神、气质、品格和风骨。显性的东西可以模仿，但隐性的东西却是无论如何也学不会的。

文化元素是凝聚、整合、同化、规范社会群体行为和心理的重要力量。文化元素能够以观念的形式深入人心，在思维方式和行为习惯的层面上发挥其广泛、稳定而持久的影响。我国是农业大国，农业文明历史悠久，农村文化底蕴深厚，极具挖掘潜力和市场空间。各地、各民族特色文化元素不胜枚举，很多乡土文化基本上处于未开发状态，保持着得天独厚的"原生态"，极其符合当代城市文化消费者回归自然的价值取向。有深厚传统文化底蕴的地方，特别是经济发展虽然滞后，但却拥有独特传统乡村文化优势的地方，完全可以利用"文化资源"改变经济社会发展格局。在我国许多农村地区、特别是老少边穷地区，单靠农业发展是很难改变农村生活的，因此必须因地制宜，充分开发民族民间文化资源，形成具有地方特色的文化元素，利用涉农文化旅游和服务、民间工艺加工、民俗风情展演等来发展涉农文化产业。

就涉农文化产业发展而言，发掘并形成能够引起农民共鸣的文化元素，是涉农文化产业发展的核心。这类文化元素具有其他产业要素无法取代的作用，涉农文化元素与中华文化元素并无本质区别，只不过在形式上更多地体现出农村、农民特色，体现出地域特征。比如，杨柳青年画、剪纸艺术、农村服饰等等。

要找准优秀传统文化与现代文明的结合点。对具有一定经济、文化价值的传统文化产品可加入现代元素，积极进行市场开发。开发具有民族传统和地域特色的剪纸、绘画、泥塑、雕刻、刺绣等民间工艺项目，戏曲、杂技、花灯、龙舟、舞狮舞龙等民间艺术和民俗表演项目，古镇游、生态游、农家乐等民俗旅游项目。实施特色文化品牌战略，培育一批文化名镇、名村、名园、名人、名品。大姚县县华乡就开发彝族刺绣做了很好的尝试，他们成立了彝族刺绣协会，设立了专卖店，使昔日自产自用的彝族刺绣品，变成了当地群众的一项经济来源，同时也有效地保护了彝族刺绣。

四、发掘地方特色文化资源

越是民族的，越是世界的；越有地方特色，越有生命力和竞争力。要走中国特色的农村文化产业发展道路，关键是如何将地方文化资源转化为特色文化产业项目，从而开发利用。项目是资源与生产之间的重要一环。没有项目，资源就难以转化为产品；没有项目，就会无序开发，盲目投资，重复建设。只有项目，才能实现对特色文化资源的科学、有效、合理配置和开发利用，使之转化为文化产业优势和竞争优势，使文化产业健康、有序、协调发展。

（一）在资源特性上找出路

1. 打造地域文化项目

"千里不同风，百里不同俗"。地域的差异性使各地的传统艺术和民间文化呈现出浓郁的地方特色。从民族区域上看，汉民族文化与少数民族文化迥然有异，江南水乡民歌的婉约细腻与草原游牧民歌的粗犷豪放对比鲜明。从地理区域上看，湖北的楚文化与四川的蜀文化各不相同。尤其是文化部命名的 412 个全国民间艺术之乡，乡土气息浓厚，涉及市、县、乡村，门类多样。如湖北省长阳的民间歌舞之乡、安陆市的民间漫画之乡。有的独一无二，如崇阳县的提琴戏之乡，这些地域文化资源，个性鲜明，具有浓郁的乡土气息，将其打造为农村特色文化产业项目，利于发挥地域的整体优势，可增强市场竞争力。

2. 开发生态文化项目

许多民间文艺资源古朴悠久，是人类在漫长的历史长河中创造形成的不同民族与不同区域的文化传统，有的还保持其原生态，蕴涵着祖先的智慧和文明，弥足珍贵。既有物质文化生态，如安徽西递村、水乡周庄等古建筑；也有非物质文化生态，如民间歌谣，被联合国教科文组织宣布为人类口头和非物质遗产代表作的昆曲等。可以从这些原生态文化中选择生态文化项目，打造农村生态文化产品。如通过建造生态博物馆，展现原始的文化生态和农村生活场景，将具有极其珍贵的科学、艺术、历史和经济价值。

3. 发展传承文化项目

农村文化在世代相传或横向传播的过程中，总是保持着相同或相似的内容和形式，有的可以流传上千年，源远流长，沿袭至今。同一民族，同一地域的人们有着大致相同的习俗，不同民族、不同地域的民风民俗具有各自的风格特点，从而形成丰富多彩的农村民俗文化。如民间饮食、婚丧、节日、竞技、雕塑、刺绣、皮影传承各异；北京的四合院、安徽的民居、福建的客家土楼各种建筑风格代代传承；各地的民间神话、传说故事及各种风俗等都具有各自的乡土特色，从历史的传承文化资源中打造农村文化产业项目，大有可为。如河南省宝丰县周营村是全国闻名的魔术村，历代传承的魔术产业已成为一个极具特色的支柱性产业和新的经济增长点。

（二）在价值特征上做文章

1. 挖掘历史价值

农村特色文化资源，大都经历了岁月的洗礼，蕴涵着丰富的历史信息，打上了深深的历史烙印。它们是传承历史文明的重要载体，对于后人探寻先辈文化，研究人类发展脉络，承前启后，具有极其重要的价值。如名人故居、历史建筑、古老稀有民间戏剧及各类文物等。

2. 凸现人文价值

中华民族五千年的文化积淀留下了无数的民间文化遗产，弥足珍贵。凝聚着丰富的人文主义思想和民族精神。对于弘扬民族文化，培养华夏儿女的爱国情感，吸收先人的文明智慧和优秀文化传统，继往开来，具有极其重要的价值。从民间文化资源中利用具有人文价值的资源作项目，不但具有较高的文化品位，还能提高文化附加值。

3. 追求实用价值

大凡民间文化资源，既有历史及人文价值，还有实用功能。它们之所以盛久不衰，就是与人民群众的生活密切相关，既可满足人们精神生活的需要，也可满足人们物质生活需求。民间歌舞、音乐、书画、戏剧等丰富了人们的文娱生活，农村饮食文化、建筑文化、服饰文化等则是人们日常生活必需。从人们日常生活必需的民间文化资源中找项目，无疑具有十分广阔的市场前景。

4. 开发经济价值

在自耕自作、自给自足的小农时代和计划经济时代，民间文化资源的经济价值难以体现，未被人们认识和重视，没有意识到是一种经济资源，具有经济价值。随着市场经济的出现和市场化进程，民间文化资源的价值日益彰显，越独特价值越高。如河北省蔚县农民剪纸不再是满足自身装饰需要，而是作为产品加工，不但畅销国内，还漂洋过海出国挣大钱；上海金山的农民画已赴欧、美、亚的 20 多个国家和地区展销，收益颇丰；山西垣曲的农民"点石成金"，将石头也变成了商品，迷上石文化，大发石头财，这些都是农村文化产业项目开发与经营的成功案例。

（三）在项目特点上出新意

1. 文化活动的延伸上出新

文化活动要保持旺盛生命力和市场竞争力，就必须不断出新。一是在活动空间上延伸。既立足本地，又拓展外地。既可占领国内市场，也可进军国外市场。湖北当阳的"三月三歌会"已办了 18 届，从剧院、歌舞厅延伸到广场、体育场，从城区延伸到乡村、各个景区。河北梆子开拓国际市场，延伸到了欧洲广阔的市场空间；二是在活动时间上延伸。可利用节会、歌会等形式月办、季办或年办，形成制度化。既利于形成活动品牌，也利于取得长久效益；三是在活动内容上延伸。变单一为多样，使之丰富多彩。湖北孝感的孝文化节，既可办《董永与七仙女》邮票首发式，让游客游览董永公园，开展"十大孝子"评选，还可欣赏楚剧《百日缘》及开展丰富多彩的各类文化活动。

2. 文化品位的提炼上出新

一种资源，一个项目，文化品位越高，其经济价值就越高。在文化品位的提炼上应推陈出新，古为今用，洋为中用。如对民歌民舞可提炼升华成高雅的经典的艺术品种。一方面可从形式上提炼文化品位；另一方面，可从内容上提炼文化品位。湖北长阳巴山舞源自土家族跳丧舞，经挖掘提炼创新，丢掉了"丧味"，保留了原始舞蹈中有特色的鼓点和明快节奏，采用当地民歌、山歌加以发展，将单一击鼓加入弦乐、打击乐伴奏，融汇了土家风情和时代特征，创新出优美欢快的巴山舞，成为新型的群众自娱性舞蹈，被誉为"东方迪斯科"，演出到了香港，还获"群星奖"广场舞蹈金奖，已被国家体育总局作为体育健身舞蹈，向全国推

广，成了著名品牌。

3. 民风民俗的加工上出新

民间风俗在历代的传承过程中，既有良风美俗，也有陋风丑俗。这就需要去粗取精，去伪存真，去劣存优，在继承传统的基础上创新。要赋予其新的时代内容，如民间歌舞、书画、雕刻、戏剧。建民俗文化村寨就是集民俗文化大成之创举。湖北兴山县为开发三峡昭君巴楚民俗文化资源，打造昭君和平文化品牌特色旅游项目，发展三峡文化产业，已启动建设昭君巴楚民俗文化村。该项目融巴楚民俗、民居、歌舞、戏剧、琴棋、书画、茶艺工艺、昭君祠等丰富文化内涵为一体。湖北宜昌市歌舞团整理利用土家民俗文化遗产，创作大型婚俗舞剧《土里巴人》，多次在全国获奖，用崭新的形式展现了湖北独有的楚风楚俗。

（四）在民间特色上下工夫

1. 利用品种多样性的特色

民间特色文化品种繁多，涵盖社会生活各个方面，应有尽有。在发展农村特色文化产业项目上，应满足人们不同层次、不同爱好和不同的物质精神需要，避免单一，尽可能多样化。因地制宜，既可集民俗或民间工艺品等之大成，也可进行单个品种系列开发，以多取胜。还可建设特色文化乡村，一地一个品种，使区域种类丰富多彩。云南省立足一乡一业、一村一品特色文化产业开发，发展民俗文化旅游、民族艺术展演业、民间工艺品展销业等，门类多样。

2. 利用分布广泛性的特色

我国地大物博，特色民间文艺资源遍布各地，十分广泛。应充分发挥整体效应和集体优势，占领文化产业市场，赢得市场份额，一些地方利用广泛的革命文化资源开展"红色旅游"、利用自然生态资源开展"绿色旅游"、利用海洋资源开展"蓝色旅游"，取得了可观的效益。素有"楠竹之乡"的咸宁市，抓住机遇承办了 2003 年第四届中国竹文化节，除推出了本地竹文化特色产品外，还汇集了全国各地的竹工艺品，涉及吃、穿、住、用、玩等，品种有竹书、竹画、竹琴、竹雕及竹桌、竹椅、竹席、竹伞、竹衣、竹帘、竹扇等，洽谈签订了一批项目。

3. 利用构思巧妙性的特色

对传统的节日文化活动及文艺样式，应在继承的基础上发展革新，使丰富的思想内容与传统的艺术形式巧妙结合，焕发新的光彩。不论是雕刻还是布贴、风筝等其他传统民间文艺样式，应利用精巧的构思，反映多彩的现代生活。如根雕应取法自然，根据历史神话、传说故事或现代生活场景立意，赋予其文化灵魂，讲究造型生动。有的艺术形式还可加工融为一体。湖北红安太平桥乡将高跷与舞狮巧妙融为一体，形成了独特的"天狮舞"，在 2003 年第三届艺术节中深受观众欢迎，荣获"优秀展演节目奖"。

4. 利用功能实用性的特色

随着人们生活水平的不断提高，人们对日常生活特别是日用品的品位要求越来越高，追求艺术化，工艺品日渐实用化。民间剪纸、年画、民间竹草织染编印、民间面塑、民间刺绣等手工制作，以及景泰蓝、蜡染等传统工艺美术越来越受到人们的青睐。民间陶瓷作为日常器皿和几案陈设，彩绘图案千姿百态，飞禽走兽、树木花草，绘画书法等均有表现，既有审美价值，也有实用价值，这些民间艺术资源，都可作为特色文化项目加以开发。又如土家民风民俗别具一格，既可建土家民俗文化村，让游人住吊脚楼、戴青丝巾、吃苞谷饭、喝罐罐茶、看土家舞，也可将其建筑文化、饮食文化、服饰文化、节日文化项目逐一开发。事实证明，特色文化产业项目是最有魅力的项目，特色文化产品是最有潜力的产品，特色文化产业是最有实力的产业。

第四节 农村文化产业在新农村建设中的重要作用

文化具有凝聚、整合、同化、规范社会群体行为和心理的功能。因此在新农村建设过程中，文化具有其他社会要素不可替代的作用。而新农村文化建设是一项系统工程，不仅需要推进和完善公共文化服务体系，如文化活动下乡、电影下乡，建设公共文化活动场所等等，与此同时还必须关注农村文化的乡土性，它与民间文化的不可分割性，尤其是在文化繁荣乃至文化全球化的时代里，延续和发展鲜活的农村文化是一项具有划时代意义的重要工作。

一、发展农村文化产业有利于促进农村经济协调发展

发展农村文化产业，可以调整农村产业结构，确保农民增收的"长效性"，可以培养农村经济增长的"内生力"。我国是农业大国，农村文化建设事关农村全面建设小康社会目标的实现，是我国文化工作的重要方面。在当今这个知识经济时代，文化和经济的关系越来越紧密，二者已逐渐地融合到一起。文化产业创造的经济价值备受人们的关注，在 GDP 中的比重逐步上升，在发达国家文化产业已成为支柱产业，文化生产与消费成了经济增长新的支撑点。在这样的背景下，我们发展农村文化就必须按照党的十六大精神，在大力发展文化事业的同时，积极适应社会主义市场经济的要求，大力发展农村文化产业，两个轮子一齐转，才能推动农村文化与经济社会的协调发展。变文化资源优势为经济优势是保持优秀传统文化旺盛生命力的重要途径，也使优秀传统文化在社会主义新农村建设中发挥了更加积极的作用。

二、发展农村文化产业有利于提高农民素质

发展农村文化产业，客观上提高了农民的求知欲，推动了农村的精神文明建设。由于我国民族众多，地域辽阔，所以，体现不同风格特征的地域性的文化元素会非常丰富。产业创新者要不断地开发民间文化资源，将其产业化。一旦产业化，这类文化元素就能够走出农村，扩大受众，促进农村经济进一步发展。而相关的产业也会因其独特性、不可模仿性形成较强的竞争优势，开拓出了新的职业和岗位，进而帮助农民在离土不离乡的情况下，改变自己的身份，调整农村产业结构。这样发展起来的涉农文化产业，客观上可以提高农民的求知欲，推动农村的精神文明建设，因为农村文化从业人员若想不被淘汰，就要不断提高自身素质，努力学习相关的专业知识和技能，打造好自己的独特的文化元素，形成品牌，从而站稳市场。

三、发展农村文化产业有利于保护传统文化

发展农村文化产业，还可以有效地保护民族文化遗产，弘扬民族文化。我国五千多年灿烂文化的主体是农业文化，在广阔的农村和少数民族地区有丰富的农业文化和民族文化需要进一步挖掘、开发和利用，并通过文化产业的发展对其进行有效地保护和传承。开发并形成有不同农村地区特色的文化元素，使现有农村文化资源得到有效利用，需要创意、策划、咨询机构等产业的介入和文化艺术专家的重视。他们应该将其纳入产业发展和扶持的范畴，对其提供智力支持、财力投入，参与、帮助和扶持乡村文化元素的定位、产业布局、经营管理和复合型创新型人才的培养，积极推进涉农文化产业的发展。发展农村文化产业，还可以架起城乡交流的桥梁。

第二章 农村历史文化资源

第一节 农村历史文化

一、农村历史文化资源开发的重要意义

在中华文明上下五千年的历史中，农村作为社会最为基础的组成单位，为文明的发展作出了巨大的物质与精神贡献。它们所做的不仅是养活了这个全世界人口最多国家的人民，也以其独特的方式推动了历史的进程，同时又创造出了绚烂多彩的文化。在文化历史的长廊中，村庄文化作为最重要的组成部分，蕴涵着千年的历史积淀。时代发展到今天，人们已越来越多地注重村庄文化在现实经济与社会发展的重要作用，也在各个阶层和广大人群中形成了统一的认识，拯救村庄文化，延续村庄历史，达成人们的共识。

要想将已有的农村历史文化世代延续下去，就需要将它重新注入活力，使其适应当代经济高速发展的现状，这不仅可以传承文化，还可以使文化随着历史的变迁继续发展下去。我国的农村历史文化源远流长且丰富多彩，具有巨大的可开发潜力，一旦将这些历史文化资源开发出来并且妥善经营，将会使其成为农村经济发展的新的增长点。

文化资源是一种特殊资源，它蕴藏在历史文化传统之中，存在于社会文化状态之中，弥漫在整个物质生产、精神生产的创造过程之中。农村文化资源是整个国家的文化资源中最为重要的一部分。若要开发农村历史文化资源，则必须做到将历史文化资源开发成历史文化产业。

二、农村历史文化资源开发的重要途径

农村历史文化资源，包括有形历史文化资源和无形历史文化资源，它是农村历史文化产业发展的重要基础。农村历史文化资源开发可以通过农村历史旅游产业和休闲娱乐产业实现。

（一）农村历史旅游产业

1. 宗教朝圣旅游

宗教朝圣旅游即宗教信徒因朝圣而引起的旅游。很多宗教信徒都有着朝圣的习俗，像我国的四大佛教名山、著名道教名山等都吸引着千百万信徒前往朝拜。这就形成了千年不衰的宗教旅游流。宗教旅游是一种特殊的历史文化旅游，同时也是宗教文化传播的方式之一。而在我国，佛教、道教、伊斯兰教等信仰者众多，因而有许多的宗教旅游胜地。以这些宗教旅游胜地为依托，开发农村宗教文化，便成为农村历史文化产业的重要内容。

2. 历史古迹文化旅游

作为旅游的一个种类，历史古迹文化旅游是为了顺应人们追溯历史、怀古好奇的心理而组织的。人们往往把历史古迹、革命遗迹作为民族的精神和象征，这是开展历史旅游的条件和心理基础。我国农村地区有许多名人古迹，游览古城风光，参观历史名城的保护区、博物馆、建筑物、古迹文物等都是农村历史旅游的常见项目。

3. 红色旅游

红色旅游是指从中国共产党成立至 1949 年新中国建立这 28 年历史阶段，包括红军长征、抗日战争、解放战争时期的重要革命纪念地、纪念馆、纪念物及其所承载的革命精神，作为旅游资源开发和利用的条件而发展起来的旅游。我国绝大多数红色旅游景点在农村，国家大力发展红色旅游产业，可成为带动革命老区农村经济发展的优势产业。

（二）农村休闲娱乐产业

我国的农村历史文化灿烂，有着许多可以演绎开发的东西。例如以特定历史背景和特定地点拍摄的电影和电视剧，像《井冈山》这样的影片，不仅可以寓教于乐，对于井冈山当地的宣传也有着促进作用。此外，历史上从我国农村地区走出大量名人，他们有些留下了大量的文学作品，有些留下了诸如书法、戏曲等形形色色的艺术形式。今人可以以此发展起具有浓郁地方特色的影视业、出版业以及音像业，这些产业同时又能够促进当地的历史文化产业的蓬勃发展。

第二节　红色革命根据地文化资源开发模式与经营管理

随着国家经济的不断发展，现在越来越多的农村革命根据地被开发出来以供游人参观。这些农村革命根据地是先辈为了建立新中国曾经浴血奋战过的地方，也是红色革命精神最早的载体。如今，越来越多的游人想要身临其境，以体会老一辈革命家当年的艰辛与坚强的意志，以革命根据地及圣地开发游览为依托的红色旅游正在蓬勃发展。

一、井冈山革命根据地的开发与经营

（一）井冈山革命根据地简介

井冈山，位于江西省西南部，地处湘赣两省交界的罗霄山脉中段。井冈山既具有辉煌的历史，又有绚丽的自然风光，革命的人文景观与优美的自然景观交相辉映，融为一体，是一个集观光旅游、传统教育于一体的理想旅游避暑胜地。

井冈山是"中国革命的摇篮"，是一块"浸透着烈士鲜血的圣地"。1927 年 10 月，毛泽东、朱德等老一辈无产阶级革命家率

领工农革命军来到井冈山，创建了中国第一个农村革命根据地，开辟了以"农村包围城市，武装夺取政权"的具有中国特色的革命道路。尤其是为后人留下了宝贵的精神财富——井冈山精神。井冈山农产品丰富，解决了部队的粮草问题，群众基础好，更重要的是它位于湘赣边界，在当时是"两不管"（即湖南省、江西省都不管辖）地带，敌人统治力量薄弱，而且地势险要，易守难攻，便于保存和发展革命根据地。井冈山革命根据地的建立，把革命的退却和革命的进攻巧妙结合起来，点燃了"工农武装割据"的星星之火，开创了符合中国国情的胜利道路。各地共产党人也领导了武装起义，纷纷建立革命根据地，形成了燎原之势。

位距茨坪西北面 17 公里的黄洋界，是人文和自然景观相结合的景区。1928 年 8 月 30 日，著名的黄洋界保卫战就发生在这里，至今保留着当年的哨口工事、红军营房以及毛泽东、朱德和红军战士从宁冈挑粮走过的小路及路边的荷树。黄洋界，十里横排，高山叠影，雄伟险峻，一望无际。1965 年 5 月，毛泽东在诗词《水调歌头·重上井冈山》中写道："过了黄洋界，险处不须看。"在这里还可以观看到：日出、峰峦、云海、杜鹃等自然景观。毛泽东的《西江月·井冈山》这首词便是为庆祝黄洋界保卫战的伟大胜利而作的。

井冈山的五指峰也是一处旅游胜地。五指峰又名井冈山主峰，山峰并列如五指，因而得名。五指峰位距茨坪西南 6 公里，是自然与人文景观相结合的景区。景区内峰峦叠嶂，沟壑纵横，飞瀑展练，动植物物种特别丰富。

此外，整个笔架山景区也是自然与人文景观相结合的景区。笔架山雄伟壮丽，葱茏峻拔，逶迤奇险，风光秀丽。这里是井冈山军事根据地的五大哨口之一。哨口旁有一洞穴，常有朱砂水溢出。朱砂冲由此而得名。黄坳，素以井冈山革命根据地南大门而著称。井冈山斗争时期，毛泽东、朱德及其他红军常在这里开展革命活动。

井冈山素以中国革命的摇篮著称，这里有一栋毛泽东旧居，它原是一栋农民住房。1927 年 10 月至 1929 年 1 月，毛泽东同志常住在这栋民房的中厅和右后间。当时红军的生活条件极其艰苦，毛泽东和红军战士一样，穿单衣，睡稻草，晚上点一根灯芯的油灯，写下了著名的《井冈山的斗争》。

井冈山革命博物馆坐落在当年井冈山军事根据地中心的茨坪。砖瓦结构、飞檐挑角，整个建筑既有秀丽典雅的南方特色，又具古香古色的民族风格。它建成于 1959 年，是我国第一个地方性革命博物馆，1962 年朱德同志题写馆名。

井冈山革命博物馆是一个全面陈列和宣传井冈山革命根据地斗争历史的综合馆。馆内基本陈列共有七个展室，分为序厅、井冈山革命根据地的创立、井冈山革命根据地的发展、井冈山革命根据地的恢复、坚持井冈山的斗争和弘扬井冈山精神等部分。在这里，我们可以通过大量的历史文物和翔实的历史资料了解到那段艰苦卓绝的井冈山斗争历史。

在井冈山，以毛泽东为代表的共产党人把马列主义的普遍真理同中国革命的具体实践相结合，开辟了一条以农村包围城市、武装夺取政权的中国式的革命道路。井冈山的斗争奠定了中国革命胜利的基础，它不朽的功绩也永远彪炳于中国革命的史册。如今，井冈山革命博物馆已成为人们进行爱国主义和革命传统教育的生动课堂，在社会主义精神文明建设中发挥着重要作用。

为纪念伟大的井冈山革命斗争，缅怀在井冈山斗争中牺牲的革命先烈，原遂川县井冈山区人民政府于 1950 年在茨坪的东北边山冈上建造一座纯木质结构、正面书有"井冈山革命先烈纪念塔"十个大字的纪念塔；其后，纪念塔历经几次大的修缮，从 20 世纪 50 年代开始，这座塔就成了向国内外宣传井冈山的主要形象标志。1986 年，中华人民共和国国务院公布井冈山革命先烈纪念塔为全国重点革命纪念建筑保护单位，以供人们参观、瞻仰。

（二）井冈山革命根据地开发与经营

井冈山的开发建设始于 20 世纪 50 年代末。当时的井冈山，是个不通公路、不通邮、不通电、无工业、无商业、人口仅百余人的小山村。1957 年以后，井冈山人民在党和政府的领导下，垦殖山场，兴建公路，发掘资源，建设电站，创办工业，努力发展经济。特别是党的十一届三中全会以来，井冈山市依托丰富的旅游资源和日趋完善的区位优势，制定了"旅游兴市"的发展战略，并不断加大改革开放步伐，经济由封闭迈向开放，由贫乏走向繁荣。

进入 21 世纪，井冈山继续实施"科教立市、旅游兴市、依法治市"的发展战略，坚持科学发展观，以建设"小康井冈、和谐井冈、魅力井冈"为目标。把培植壮大旅游龙头支柱产业作为重点，实施"一城带两区，旅游牵百业"的布局，把井冈山建设成为功能齐全，形象独特，集传统教育、观光避暑、度假休闲、会议中心为一体的国内知名、国际有影响的旅游胜地，使井冈山成为新时期农村吸引城市的"根据地"，成为全国的旅游名城。大型电视连续剧《井冈山》也是以这里为主要故事背景进行拍摄的。

目前，旅游业已成为井冈山市经济的主体，呈蓬勃发展趋势。仅以 2005 年为例，全市全年接待游客达 218.5 万人次，旅游总收入 11.28 亿元；第一、第二、第三产业结构为 18.2：30.2：51.6，"旅游兴市"发展框架已经形成。

二、大别山革命根据地的开发与经营

（一）大别山简介

大别山雄峙于鄂豫皖三省边界，纵卧中原，战略位置十分重要。从土地革命战争开始，大别山区就是中国共产党创建的一块重要革命根据地，在这里创建了鄂豫皖苏区，诞生了红四方面军，发生了在中国革命历史上产生重要影响的一系列重大事件。1947 年 8 月，邓小平、刘伯承率领晋冀鲁豫野战军 12 万英雄儿女，千里跃进，逐鹿中原，来到大别山，从此，中国人民解放军由内线作战转为外线作战，由战略防御转入战略进攻，扭转了整个战争形势。

　　龟山风景区位于麻城市东部的龟山乡境内，因其地形山势酷似一只昂首的神龟而得名"龟山"，是大别山中的名山。从龟头至龟尾绵延 25 公里[①]，其间是 50 多平方公里的大片原始森林。风景区内有一个数公里的自然山洞，洞内常年溪流不断，据说刘、邓大军曾在此驻扎、屯兵。如今的龟山已成为以茶叶和休闲避暑为主体的旅游风景区。

　　这里还有著名的革命传统教育基地红安县。原名黄安县，明嘉靖四十二年建县，位于鄂东北，北枕大别山，南邻长江。红安是块神奇的土地。这里诞生了董必武、李先念两位国家主席和秦基伟、韩先楚、陈锡联等 223 位将军，创建了红四方面军、红二十五军、红二十八军三支主力红军，因此而成为举世闻名的"将军县"。红安物华天宝，既有秀美的山川，亦有丰富的资源，更有底蕴深厚的历史文化。黄麻起义和鄂豫皖苏区革命烈士陵园位于红安县城东北的稞子山上，占地 330 亩[②]，内有黄麻起义和鄂豫皖苏区革命烈士纪念碑、黄麻起义和鄂豫皖苏区革命烈士纪念馆、董必武纪念馆、李先念纪念馆、红安革命历史博物馆、烈士祠、将军墓群等纪念性建筑。董必武旧居、李先念旧居、七里坪长胜街和红四方面军诞生地等众多的革命遗址遗迹，是进行传统教育的生动素材。

　　红安县天台山，位于县城北约 40 公里的鄂豫交界处。其间奇峰突起，山顶有一个面积约五六亩的平台，故名天台山。在土地革命战争时期，这里是鄂豫皖苏区的中心地带。如今已建成为国家级森林公园。

　　湖北红安县七里坪镇位于大别山南麓、鄂豫两省交界处，是著名的黄麻起义策源地、红四方面军诞生地、红二十五军重建地、红二十八军改编地，是秦基伟、徐深吉、郑位三等 143 位共和国将军的故乡。现存国家级重点保护文物 37 处。2005 年被国

---

　　①　1 公里＝1 千米。
　　②　1 亩＝0.0667 公顷。

家建设部、文化部授予"中国历史文化名镇"，中宣部授予"全国青少年爱国主义教育基地"，湖北省重点镇、红色旅游名镇。全镇版图面积 362 平方公里，辖 69 个村、一个居委会，全镇有21444 户，总人口 9.3 万人。七里坪镇背靠大别山，南接大武汉，北离河南新县火车站 30 公里，西距京珠高速公路 35 公里，境内省际公路阳（逻）福（田口）公路、大别山腹地公路纵横交错，交通十分便利。

1924 年这里就建有共产党组织；第一次国内革命战争时期，农民运动蓬勃发展；第二次国内革命战争时期，成为黄麻秋收起义的策源地和鄂豫皖特区的中心；1931 年在此创建红四方面军，曾改名为列宁市。新中国成立后还存有鄂豫皖特区苏维埃、红四方面军指挥部、中共黄安县委会、黄安县苏维埃、革命法庭、工会、银行、列宁小学等 40 多处革命旧址，有以革命烈士命名的彭湃街、杨殷街与光浩门、南一门和红四方面军成立时的广场等纪念地及有关遗迹。

（二）大别山开发与经营

大别山以神奇和秀美的风光赢得世人的瞩目，成为我国知名的旅游目的地和红色旅游胜地。近年来，黄冈市委、市政府提出了"依托大别山，树立大观念，发展大旅游"的口号，带领大别山区的人民沿着邓小平、刘伯承等革命先辈的足迹，奋发图强，努力拼搏，不断开发和建设，初步建成了大别山红色旅游区、大别山生态旅游区、大别山佛教禅宗文化旅游区和李时珍医疗保健旅游区。2003 年，在遭受非典的情况下，大别山区旅游收入还达到了 6.5 亿，比 2002 年增长了 18％。大别山上建起了许多避暑山庄，夏天来临时，各宾馆饭店游人爆满。为了鼓励茶农从事旅游经营，麻城市委、市政府支持他们建起了民俗文化一条街，将茶叶和旅游有机结合起来，取得较好的成效，每户茶农年平均纯收入在 3 万元以上。大别山的群众通过发展旅游已慢慢走上了富裕的道路。如今的大别山已成为大武汉的后花园，华东、华中两大客源市场的对接部。它不仅是一块经济建设热土，而且还以奇异的自然风光和深厚的革命人文资源，成为一方吸引着大批海内外宾客的旅游胜地。

三、邢台抗大纪念馆的开发与经营

（一）邢台简介

邢台市地处河北省南部，太行山脉南段东麓，华北平原西部边缘。东以卫运河为界与山东省相望，西依太行山和山西省毗邻，南与邯郸市相连，北及东北分别与石家庄市、衡水市接壤。辖区东西最长处约 185 公里，南北最宽处约 80 公里，总面积 12486 平方公里。

邢台是中国著名的卧牛城，三朝古都，简称为"邢"，历史上曾称邢侯国、襄国郡、邢州和顺德府，素有"依山凭险、形胜之地"的美称。邢台历史悠久，禹贡记为冀州之域，商祖乙曾迁都于邢，为京畿地。1940 年 11 月，中国人民抗日军政大学由延安辗转迁址到邢台，留下了老一辈无产阶级革命家朱德、邓小平、刘伯承、罗瑞卿、何长工及抗大学员生活、学习、战斗的峥嵘岁月。

抗大纪念馆陈列着自抗大 1936 年建立到新中国成立 14 年的建校史和艰苦卓绝的战斗史的大量图片和实物。置身抗大纪念馆内，观赏着件件珍贵的文物，爱国主义、革命传统教育会潜移默化地洗涤着人们的灵魂，艰苦奋斗、不怕牺牲的抗大精神会自然而然地净化着人们的心灵。这里已被中宣部命名为全国爱国主义教育基地，曾任国家军委副主席迟浩田亲笔题写的"国防教育基地"的匾牌在阳光照射下熠熠发光。

除抗大纪念馆外，邢台还有郭守敬博览城。郭公系邢台县郭村人，元代科学家，在天文历法、水利、数学、仪表制造等领域有 17 项取得了举世瞩目的成就，领先西方科学家几十到几百年。

尤其是在天文历法方面，比西方的哥白尼和伽利略分别早 200 年和 300 年。该项目 1995 年 9 月经国家计委、中科院、国家旅游局等专家论证，认为以郭氏的历史地位、作用和社会影响，建造博览城符合党中央"科教兴国"战略，可培养青少年科技意识，创造尊重知识，尊重人才的良好社会氛围。

（二）邢台抗大纪念馆开发与经营

面对全国旅游业的迅猛发展，近年来邢台也开始加快旅游开发，希望使其丰富的旅游资源尽快发展成为旅游产业，以带动本地经济的全面振兴。邢台市委、市政府对发展旅游业非常重视，建立了旅游工作领导小组，出台了《关于加快旅游业发展的意见》，明确提出，旅游业发展的指导思想是：以党的"十五大"精神为指针，坚持政府引导，社会办旅游，开放办旅游，坚持全市一盘棋，统一组织，统一规划，坚持保护与开发并重，突出文化含量，注重综合效益，促进经济、社会和环境可持续发展。战略目标是：一两年打基础，三四年大发展，六七年建成旅游大市，十年左右实现全省旅游强市，使旅游业逐步成为邢台市第三产业的支柱产业。目前全市可开发景点达 74 处，初步规划开发 13 处，其中省级风景名胜区 4 处。有旅游涉外宾馆饭店 11 家，其中星级 8 家，床位 3000 余张；有国内旅行社 7 家；旅游纪念品、商品生产企业 7 家，其中省定点企业一家。累计旅游资源开发投资 1.2 亿元，旅游涉外饭店投资近 6 亿元。旅游从业人员达到 3000 多人。

邢台抗大纪念馆已被中宣部命名为全国爱国主义教育基地，在未来的发展规划中，邢台政府根据旅游资源状况和自身条件，合理地确定旅游景区、景点、项目和设施建设的布局、类型、功能、档次、规模和风格，坚持高起点、高标准、高水平，遵循市场规律和旅游业自身发展的规律，立足邢台旅游资源，把历史文化内涵和现代文明结合起来，树立起独具特色的旅游业整体形象。

第三节　农村庙宇文化资源开发
模式与经营管理

中华文明历史悠久，土地辽阔。其土地上的人民也有着丰富多彩的宗教信仰。在历史上，我国曾经先后出现或从国外传入佛教、道教、基督教、伊斯兰教、印度教、摩尼教、犹太教等。作为国家基础的广大农村地区，更是有着丰富的民间信仰，这些信仰丰富了人们的精神生活，同时也创造出了绚烂的文化。在今天，那些承载着信仰的寺庙建筑不仅依然接受着善男信女们的膜拜，还为开发地方经济提供了一条独特的道路。

一、妈祖文化及其故里湄洲岛的开发与经营

（一）妈祖生平及传说

妈祖，又称天妃、天后、天上圣母、娘妈，是历代船工、海员、旅客、商人和渔民共同信奉的神祇。古代在海上航行经常受到风浪的袭击而船沉人亡，船员的安全成为航海者的主要问题，他们把希望寄托于神灵的保佑。在船舶起航前要先祭天妃，祈求保佑顺风和安全，在船舶上还立天妃神位供奉。

相传妈祖诞生于宋建隆元年（960 年）农历三月二十三日。在她出生之前，父母已生过五个女儿，十分盼望再生一个儿子，因而朝夕焚香祝天，祈求早赐麟儿，可是这一胎又是一个女婴，父母大失所望。就在这个女婴将要出生前的那个傍晚，邻里乡亲看见流星化为一道红光从西北天空射来，晶莹夺目，照耀得岛屿上的岩石都发红了。所以，父母感到这个女婴必非是等闲之女，也就特别疼爱。因为她出生至满月都不啼哭，便给她取名林默，父母又称她为林默娘，默娘。

林默幼年时就比其他姐妹聪明颖悟，八岁从塾师启蒙读书，

不但能过目成诵，而且能理解文字的义旨。长大后，她决心终生以行善济人为事，矢志不嫁，父母顺从她的意愿。她专心致志地做慈善公益的事业，平素精研医理，为人治病，教人防疫消灾，人们都感激她。她性情和顺，热心助人，只要能为乡亲排难解纷，她都乐意去做，还经常引导人们趋吉避凶。人们遇到困难，也都愿意跟她商量，请她帮助。

生长在大海之滨的林默，还洞晓天文气象，熟习水性。湄洲岛与大陆之间的海峡有不少礁石，在这海域里遇难的渔舟、商船，常得到林默的救助，因而人们传说她能"乘席渡海"。她还会预测天气变化，事前告知船户可否出航，所以又传说她能"预知休咎事"，称她为"神女"、"龙女"。

宋太宗雍熙四年（987年）九月初九，是年仅28岁的林默与世长辞之日。这一天，湄洲岛上群众纷纷传说，他们看见湄峰山上有朵彩云冉冉升起，又恍惚听见空中有一阵阵悦耳的音乐……

从此以后，航海的人又传说常见林默身着红装飞翔在海上，救助遇难呼救的人。因此，海船上就逐渐地普遍供奉妈祖神像，以祈求航行平安顺利。

妈祖一生在大海中奔驰，救急扶危，在惊涛骇浪中拯救过许多渔舟商船；她立志不嫁，慈悲为怀，专以行善济世为己任。历代对妈祖的赐封根据史料，宋、元、明、清几个朝代都对妈祖多次褒封，封号从"夫人"、"天妃"、"天后"到"天上圣母"，并列入国家祀典。

妈祖逝世时乡人感其生前治病救人的恩惠，于同年在湄洲岛上建庙祀之，这就是遐迩闻名的湄洲妈祖庙。祖庙于天圣年间（公元1023～1032年）扩建，日臻雄伟。明永乐年间（1403～1424年），航海家郑和曾两次奉旨来湄屿主持御祭仪式并扩建庙宇。至清康熙时，已形成了具有五组建筑群的"海上龙宫"。可惜，原有金碧辉煌的建筑群已废圮，现存原建只剩下"林默的父母祠"，规模较小。近年来，湄洲祖庙进行了大量的复原修建工作，另投资 1 亿多元兴建了妈祖新殿，新殿宏伟壮观，被世人誉为"海上布达拉宫"。如今台湾及东南亚各地的众多妈祖庙都由莆田湄州及泉州天后宫等"分神"而立。莆田湄洲岛上的妈祖庙，泉州天后宫，天津的天后宫，澳门的妈祖阁，台湾北港的朝天宫和鹿港妈祖庙为我国天后宫有名的大庙。

凡有华人的地方就有妈祖庙，就有妈祖信仰者。妈祖在国际上特别是东南亚地区有着极其广泛的影响，并作为一种民间信仰延续至今而形成中华民族的优秀传统文化——妈祖文化。妈祖文化内涵丰富，有关妈祖的建筑艺术、雕塑、绘画、书法、诗文、楹联、文物以及民间传说、神话故事、民俗风情等，都是妈祖文化的重要内容，有着极其丰富的研究价值，涉及宗教史、民俗史、航海史、科技史、建筑史、文学史、艺术史、华侨史、中外关系史等众多学科，已经走出单纯的民间信仰殿堂而形成了一种影响广泛的民俗文化，妈祖文化涉及政治、经济外交、军事、侨务、贸易、文化等诸多领域，成为中华民族一种特殊的文化形态，是华夏文明的重要组成部分。

（二）寺庙楹联

妈祖，世界和平女神，受到亿万信众的敬仰和尊崇。妈祖庙遍布世界各地，而庙宇的点睛之作楹联洋洋大观，林林总总，数量多，内容广，品位高，艺术成就突出，富有鲜明的文化特色，堪称楹联世界的一枝奇葩。

楹联反映了妈祖显赫崇高的人文地位。妈祖升天后，自宋至清，历代褒扬诰封，从"夫人"、"妃"、"天妃"、"天后"，直至"天上圣母"，由人及神，把妈祖的神格提到了极限。许多妈祖庙楹联都反映了这一特点。如台北松山区慈祐宫楹联："圣母普慈衷，海邦一体；斯人皆赤子，锡口咸宁。"上联径称妈祖是天上圣母，遍施慈爱，天下同体；下联说明这里的人都有一颗纯洁的心，妈祖会赐予幸福安宁。莆田灵川东汾龙津宫楹联："女中复见皇娲圣，海内频修神禹功。"联中把妈祖比作炼石补天的女娲和治理洪水的大禹，地位崇高，功德无量。霞浦县松山天后宫楹联："风调雨顺，四海龙王朝圣母；国泰民安，五洲赤子拜阿婆。"上联指出天下太平，风雨适时，五谷丰登，四海龙王都来朝拜妈祖。四海龙王原是海神，统领四海，权力显赫。后来妈祖神格上升，四海龙王地位降低，反受其制。妈祖统驭四海，凌驾于四海龙王之上。

楹联反映了妈祖恩德浩荡，普施人间，造福百姓的杰出功绩。妈祖德高望重，大慈大悲，救苦救难，是护国庇民之神，四海民众大受其恩。对此，妈祖庙楹联普遍大加宣扬褒赞。如莆田忠门贤良港天后祖祠楹联："后德同天，兴凤山俎豆；母仪称圣，承螺港渊源。"上联赞颂妈祖恩德浩浩，同天一样广阔无垠；下联赞颂妈祖仪表端庄肃穆，可称圣母。台湾基隆杜寮岛天后宫楹联："天惠遍施工贾利，后恩广被雇渔享。""天后"冠顶，标明宫名，突出尊崇，联意赞妈祖广施恩惠，工农渔商均受利泽。澳门凼仔天后宫楹联："护国著高勋，荡荡巍巍昭日月；庇民施厚泽，肫肫浩浩沛乾坤。"上联盛赞妈祖护国功勋卓著，功高可与日月同辉；下联盛赞妈祖庇佑民众遍施厚泽，浩浩恩德充满天地。

楹联反映了百姓祈求妈祖赐福保安、和谐康宁的美好愿望。妈祖神通广大，法力无边，能拯救百姓于水火之中。如清代著名戏曲理论家李渔在"江阳天妃闸"题联："世间无水不朝宗，岂止黄河一派；天上有妃能降福，何愁碧波千层。"下联直说妈祖（天妃）能够给百姓赐降福祉，就是江河湖海掀起惊涛骇浪也不用怕。清代林光贤题印尼丹戎小坡天后宫楹联："圣德参天，庇万民吉庆；母仪配后，佑四海安澜。""圣母"冠顶，联意道明了妈祖（圣母）德行高尚能庇护民众吉祥，保佑四海风平浪静。广东省樟林天后宫楹联："海不扬波，稳渡星槎道迩；民皆乐业，遍歌母德恩深。"上联意指妈祖法力无边，能使四海不掀恶浪风波平；下联意指百姓和谐，安居乐业，处处歌颂妈祖的深恩厚德。

历史上，妈祖对中华民族作出过巨大的贡献，宋代护国庇民，元代漕运保泰，明代使洋护航，清代协助定台，现代成为海峡和平女神。妈祖为国为民的功绩在楹联中也多有反映。如莆田平海天后宫楹联："一勺泉甘，实济云屯万旅；半袍浪湿，克清日肇全台。"上联说施琅将军驻扎平海城，妈祖赐泉济师；下联说施琅将军带领舟师进攻澎湖，妈祖显灵助战，衣袍半湿。清朝林麟焻题日本琉球上天妃宫楹联："累朝叠诰神功，岳降自鲕江，翊运凝麻，频现红灯宣圣化；重泽献琛逢盛世，皇华临马齿，抠衣展拜，永靖碧海耀吾宗。"史载：清康熙二十二年，皇帝派钦差汪楫、林麟焻往琉球册封。此行路途遥远，惊涛骇浪，危险重重，但封舟出闽江口，进入茫茫大海，不见山影，却能乘风破浪，飞快前进，千里海路，只用三昼夜就到达目的地——那霸港。原来是妈祖显灵护航，指挥两条大鱼白天引道，万只海鸟夜间回翔指航。汪、林两人大感其恩，举行册封典礼后，立即到久米村上天妃宫焚香朝拜。为此，汪楫欣然题写了"朝宗永赖"匾额，林麟焻挥毫撰写了上述长联。

许多著名的妈祖庙大多坐落于交通要冲，山清水秀，令人流连忘返的地方，楹联形象地描绘了这一特点。如福州马尾天后宫楹联："地控制瓯吴，看大江东去滔滔，与诸君涤滤洗心，有如此水；神起家孝友，贯万古元精耿耿，望后世立身行道，无愧斯人。"瓯吴：指长江中下游和东南沿海一带。大江：这里指闽江。上联第一、二分句"地控制瓯吴，看大江东去滔滔"，点明这里的天后宫地处要冲，交通方便。舟船出闽江口，北上可达长江中下游，南下可通东南沿海各省。福建永定西陂天后宫楹联："杰构倚层霄，凤舞龙飞，八面窗棂烟雨外；晴岚收四野，溪声树色，千家楼阁画图中。"全联描绘了巍峨壮丽的庙宇建筑和溪水潺潺、林木葱葱的山区景色，诗情画意，跃然纸上。再看西沙群岛珊瑚岛金沙庵楹联："金波碧浪朝圣殿；沙聚争堆立古庵。"该妈祖庙四周波涛翻滚，沙滩铺银的南海风光，也尽显笔底字间，犹如亲临目睹。

全世界5000多座妈祖庙，庙宇楹联数量十分可观，各有特色，且具有较高的艺术水平。首先是楹联文字精湛，言简意赅，寓意无穷。如山东烟台天后行宫楹联："地近蓬莱，海市仙山瀛客话；神来湄渚，绿榕丹荔故乡心。"寥寥两句生动形象地描绘了庙宇所在的奇丽景象：行宫似海市蜃楼、琼宇仙山，而妈祖故乡湄洲的榕树葱绿、荔枝丹红，却胜似蓬莱仙境，令人陶醉，令人向往。

其次是楹联对仗工整，合乎格律，铿锵有韵。请看湄洲妈祖庙楹联："四海恩波颂莆海，五洲香火祖湄洲。"在词性方面，联中"四海"对"五洲"，"恩波"对"香火"，"莆海"对"湄洲"，都是名词相对。"颂"对"祖"是动词相对，其中"祖"是意动用法。在语句结构上，上联"四海恩波"与"颂莆海"是主谓结构，且"四海"与"恩波"是偏正结构，"颂"与"莆海"是动宾结构。下联的结构与上联完全一样。在平仄方面，对仗工稳，音韵和谐，抑扬顿挫，铿锵有力，形成韵律美。

再次是楹联运用了各种修辞手法，较常见的是运用嵌名法，以提高楹联的趣味性、灵活性和感染力。如莆田港里灵慈西宫楹联："灵泽风樯通外国，慈云梓里仰西宫。"此联以宫名"灵慈"二字嵌名，称藏头联。又如明朝探花戴大宾题湄洲祖庙寝殿楹联："齐齐齐齐齐齐齐齐齐齐齐戒，朝朝朝朝朝朝朝朝朝朝朝音。"该联运用转类手法。上联"齐"字通古"斋"字；下联"朝"字通"潮"字。可以读成："齐齐斋，齐齐斋，齐斋，齐斋戒；朝朝潮，朝朝潮，朝潮，朝潮音。"也可以读为："齐斋，齐斋，齐齐斋，齐齐斋戒；朝潮，朝潮，朝朝潮，朝朝潮音。"联意是：信众纷纷斋戒，虔诚朝拜妈祖；海潮涨落有致，湄屿潮音成景。此奇联，堪为一绝。

（三）妈祖故里湄洲岛的开发与经营

湄洲岛位于福建"黄金海岸"中部、莆田市区 40 公里的东南海面上。全岛陆域面积 14.35 平方公里，人口 3.8 万。1988 年 6 月被辟为对外开放旅游经济区；1992 年 4 月被国台办批准为台胞落地签证点；同年 10 月被辟为国家旅游度假区；1995 年 12 月，湄洲岛 3000 吨级对台客运码头获得对外籍船舶开放，成为国家一类口岸。离大陆最近点文甲码头仅 1.8 海里，乘船 10 多分钟就可到达；离台湾台中港仅 72 海里，自古以来就是闽台交往的海上重要通道。湄洲岛同时也是闻名海内外的妈祖的故乡，妈祖文化的发祥地，被誉为"东方麦加"。

岛上气候温和，属典型亚热带海洋性季风气候，年平均气温 20℃。全岛海岸线长 30 公里，共有 13 处优质沙滩和 5 公里多长的海蚀岩，加之岛上怪石林立，岛外烟波浩渺，形成水中有山、山外有海、山海相连、海天一色的奇特自然景观，其中比较有代表性的有"湄屿潮音"、黄金沙滩、鹅尾山、日纹坑、莲池澳、牛头尾等，尤其是优美壮观的黄金沙滩、鬼斧神工的鹅尾山怪石，对海内外游客有很强的吸引力。黄金沙滩位于湄洲岛的西南端，是岛上最长、最大、最迷人的沙滩，它北拥千畴绿林，南临万顷碧波，东连著名的三湾滩，西接 3000 吨对台客运码头，沙滩绵延 3000 米，纵深 300～500 米，坡度 5％，呈波浪状缓缓斜入大海，是天然的海滨浴场和理想的避暑度假休闲宝地。走遍祖国沿海的人均夸赞："行万里海疆，数湄洲第一"，历游世界各地的人说："堪与夏威夷相媲美"，故而有"天下第一滩"之美称。据传，有人曾在此见到奇幻瑰丽的"海市蜃楼"。鹅尾山位于湄洲岛的最南端，属于典型的海蚀地貌，形成于 1.3 亿年前。大量的海蚀岩经过岁月的洗礼，形成一幅幅栩栩如生、惟妙惟肖的大自然艺术作品，如龟如蛙，似鹰似狮，情趣盎然，各具韵味。山上有"海龟朝圣"、"情侣蛙"、"飞毂洞"、"鲤鱼十八节"、

"海门"、"妈祖书库"、"龙洞听潮"等景点。这些景点蕴涵美丽动人的妈祖传说和丰富的地质科普知识。岛上还盛产对虾、龙虾、海螺、梭子蟹、石斑鱼、海蛎、紫菜、龙须菜等，是发展海岛探幽、海滨度假、海上观光、海鲜美食的"海上乐园"。

十多年来，湄洲岛共接待游客（主要是台胞）120多万人次，是大陆上吸引台胞最多最集中的一个地方，尤其是改革开放以来，每年前来朝拜的台胞络绎不绝，湄台交流交往日益密切。1989年5月6日，台湾省宜兰县南天宫妈祖信众组织24条渔船224人直航湄洲岛朝拜，开新中国成立以来两岸海上直航的先河。此后，每年都有几十航次的台湾渔船直航湄洲岛，形成了两岸"官不通民通，明不通暗通"的现实。1991年3月，台湾嘉义圣恩宫组织信众乘客轮绕道日本直航湄洲岛朝圣，创下两岸首次通客轮的纪录。1997年1月，妈祖金身巡游台湾，历时102天，环游全岛，朝拜信众达1000多万人次，被台湾媒体称之为"千年走一回"的世纪之行，成为当年台湾十大新闻之首，在海内外引起巨大的轰动效应。2000年7月16日，台湾台中大甲镇澜宫组织2000余名妈祖信众赴湄洲岛朝拜妈祖，这是历年来规模最大的台胞赴大陆进行民间信仰交流活动，再一次在海内外引起轰动。2002年5月8日，应金门方面之邀，湄洲岛组织妈祖金身巡游金门活动，开创了妈祖金身海上直航巡游台湾的先例。在两岸频繁的民间文化交流中，湄洲岛领导突出妈祖文化的桥梁功能，发挥祖庙董事会民间交流主体作用，不断拓宽对台交流通道。祖庙董事会先后与大甲镇澜宫、台南大天后宫、北港朝天宫等台湾十大宫庙"缔结至亲"，并与近1000家台湾大小宫庙开展过联谊交流活动。随着香港、澳门回归和"两门"、"两马"客运直航试点的实施及湄洲岛3000吨级对台客运码头的运作启用，湄洲岛对台民间文化交流和旅游合作前景广阔。

目前，岛上基础设施日臻完善，旅游服务设施逐步配套，景区（点）开发不断加快，接待能力大为提高。已建成11公里湄洲大道、19 公里环岛公路、进出岛轮渡码头、两条 1 万伏海底电缆及供电设施、跨海供水工程、8000 门程控电话、3000 吨级对台客运码头和绿化工程等基础设施和社会公共设施 50 多项。已建成美海大酒店、金穗大厦、海天山庄、安泰宾馆等服务接待设施 30 多项，接待床位 1500 多个，拥有国际旅行社 1 家，国内旅行社 1 家。先后开发了妈祖山、黄金沙滩、鹅尾山、莲池澳等景区（点），建设了黄金沙滩勇创旅游度假服务中心、莲池澳金海岸娱乐中心、鹅尾神石园、鹅尾山海滨广场等滨海旅游、休闲度假项目，并已开工建设凤腾龙滨海生态旅游度假区、鹅尾山旅游度假服务中心。修复了祖庙西轴线建筑群，并从 1998 年开始，实施祖庙南轴线精品工程（妈祖文化遗产保护及配套工程），建设了世界上最大的祖庙新殿，完成了妈祖文化陈列馆、妈祖文化园、天后广场等一批项目，形成了规模庞大、雄伟壮观、楼亭交错、殿阁纵横的祖庙建筑群，营造了浓厚的妈祖文化氛围，初步树立妈祖文化朝圣中心的威仪与风范。此外，当地还开发了与祭黄、祭孔并列为中华三大祭奠的"妈祖祭祀大典"，并组建编钟乐队，包装湄洲女形象，进一步丰富妈祖民俗活动产品。目前，湄洲岛年接待游客达 100 万人次以上，其中台胞 10 万多人次，湄洲岛已成为国内知名的旅游热点。

二、陕西耀县药王山的经营与开发

（一）药王生平

孙思邈（约 581～682）为唐代著名道士，医药学家。京兆华原（即今陕西省耀县）人，生于 581 年，卒于 682 年，享年 102 岁。我国隋唐时期伟大的医药学家。孙思邈因病学医，热爱医学，淡泊名利，隋文帝、唐太宗、唐高宗在位期间，曾多次邀请他入朝做官，都被他婉言谢绝。他一边行医，一边采药，曾先后到过陕西的太白山、终南山，山西的太行山，河南的嵩山以及四川的峨嵋山等地。广泛搜集单方、验方和药物的使用知识，在药物学研究方面，为后人留下了宝贵的财富，所以人们尊称他为"药王"。著有《千金要方》和《千金翼方》。

（二）陕西药王山

药王山位于陕西耀县城东 1.5 公里处，是唐代医学家孙思邈长期隐居之处，因民间尊奉孙思邈为"药王"而得名。药王山本名五台山，由 5 座山峦组成，山峦顶平如台，形如五指，为纪念医学大师孙思邈，后人在此修庙、建殿、塑像、立碑，药王山成为著名的医宗圣地。远远眺望，绿树丛中，殿宇环山依岩而建，气势壮观迷人。

药王山在南北朝时就开始建有佛教寺院，唐朝末年以来，宋、元、明、清各朝，陆续为孙思邈修建庙宇，使药王山成为寺庙林立、文物丰富的宝库。药王山海拔 812 米，药王大殿在北边的山腰上。从山下拾级而上，经过天门，便是雄伟壮观的大殿。大殿高 22 米、宽 24 米、长 57 米，依山而立，如同空中楼阁。殿门前耸立着一对铁旗杆，上面有一副赞颂药王高尚医德和高超医术的对联："铁杆铜条耸碧霄，千年不朽；铜烧汞炼点丹药，一日回春。"大殿中央靠山，有明代孙思邈彩色塑像一尊，高 3 米，白脸长须，身着便服；相貌温和端庄。塑像上方，有松鹤延年雕画。塑像背后，有一岩洞，俗称药王洞。大殿配殿内，还有扁鹊、仓公、张仲景、华佗等 10 位古代名医的彩色塑像，他们都是孙思邈当年研究医学时尊崇的先师。孙思邈塑像前面有献亭，内立 30 多通石碑，上刻药王山的历史变迁和历代文人学士对药王的颂诗。献亭东侧还有一碑亭，其中《千金宝要》碑由四块相等的石碑组成，刻于宋徽宗宣和六年（公元 1124 年）。碑刻分六卷，有 164 页，拓印后可装订成书。碑上的 900 多副常用药方，是宋代人郭思从《千金要方》和《千金翼方》两部书中选的，可称普及本。另一石碑为《海上方》，上刻卫生常识和常用验方 100 多副，韵文记述，便于记忆。《千金宝要》四字取自孙思邈原书用语:"人命至贵,有贵千金,一方济之,德逾于此。"《海上方》一名源自民间传说,相传孙思邈救过东海龙王的太子,老龙王感恩不尽,将宫中珍藏的《海上仙方》赠与孙思邈。大殿东边有一陈列室,展出历代印刷的孙思邈著作的版本,还有 1985 年日本出版的《千金翼方》。孙思邈被人尊为药圣,药王。旧日,每逢农历二月二日,这里有庙会,前来烧香磕头的男女老少不计其数,他们之中有献祭面塑的,有取神水的,祈望百病脱身,健康长寿。在药王洞内,刻着全国各地药王庙的石谱,凡石谱上刻有名字的药王庙,每年二月二日之前,都要到这里取神水。耀县药王山保留有金、元、明、清诸代建筑近 200 间,除药王庙,还有静应庙,院中有唐代古柏一株,周长 3.9 米,相传为孙思邈所植。院东南有一块平地,叫检药场,相传孙思邈在这里检晒过中药材。药王庙建筑以金、元建筑尤为可观,特别是元殿中尚有大型元代壁画两幅,至今基本完好,为国内少见。药王大殿东约200 米处,有一处"摩崖造像"共有 8 个大小不同的佛龛,有佛像 43 尊,据清代重修碑记载,这里的造像是由殿宇改造而成的,其中有一龛观音立像,高 1.8 米,姿态优美,肌肉丰润,有强烈的艺术感染力,从风格上看,属隋代作品。另有金代和明代坐佛各一龛,其余均系唐代作品。这批造像有浮雕、圆雕,大者高达丈余,小者不过 1 尺,形象生动,雕刻细腻,线条流畅,肌肉感强,表情和悦可亲,是关中渭北有名的古代石刻艺术。药王山的造像碑和历代名碑,也是一笔珍贵的历史文物。现保留有北魏至唐代各类造像碑石 100 余通,有被称为北魏造像之始的《魏文朗造像碑》(公元 424 年),有被誉为"三绝"的《姚伯多兄弟》等造像碑石,还有许多反映宗教音乐、经变,以及其他内容的碑石,为从事宗教研究、民族史研究和雕刻艺术提供了难得的史料。历代名碑等 150 多块,其中见诸各家金石著录的近 30 块。有著名的《张僧妙法师碑》(碑即《宋徽宗题椿慧龙章云篆诗碑》北宋)。这些碑石存放在药王大殿西侧的五室一廊中,号称耀县碑林。药王山集山川风光和人文景观于一体，文物胜迹丰富多彩，是关中渭北有名的游览胜地。1961年药王山石刻被列为第一批全国重点文物保护单位。经过整修的药王山，堪称古代艺术陈列馆和古代医学博物馆。

（三）陕西药王山开发与经营

近年来，陕西省政府加大了对药王山的开发力度。药王山景区通过常设3个旅游活动项目，即农历"二月二"庙会，祭祀药王孙思邈，弘扬药王医德医风，展现风土民俗，开展各种文娱活动；五月药王牡丹游园活动和九九重阳药王山保健节旅游活动，有效地吸引了大量游客。

同时，通过招商引资的方法，逐步深层立体地开发药王山的人文和自然资源。整体开发项目在药王山景区范围内建设，开发内容包括进行中医诊断、针灸、按摩、理疗等中医治疗和保健；开发药酒、单方、偏方、验方等秘方的配药及各种保健品、中药材经营；开发药膳食疗为特色的餐饮经营；开发药浴、茶饮、休闲等集吃、住、娱为一体的休闲中心；开发集观赏、实用和进行药物种植、研究、加工为一体的植物园，开发宗教文化资源的寺庙道观恢复项目，开发建设文化广场等。其中子项目包括保健医疗中心药膳中心、起云山庄工程、药物植物园、宝云寺工程项目、吕祖庙工程项目、崇福阁工程项目、关帝庙工程项目、药王温泉洗浴项目、药王广场、太玄洞开发等等。药王山的旅游活动则会在庙会朝拜活动的基础上，以中医文化及健康养生、休闲保健等旅游活动为主，客源市场以省外及日本、韩国、东南亚及港、澳、台地区游客为主并且呈现大量增加的态势。

第四节　历史古村文化资源开发模式与经营管理

遍布华夏的古村落，作为乡土建筑的精华，具有极高的文物价值。古村落农耕文化丰富多样，既包括村落的规划、各类建筑、桥梁、庙宇、名木古树等物质文化遗产，也蕴涵各类民风习俗、传统节日、民间信仰、传统技艺等非物质文化遗产，比较完整地代表了中国传统文化的形式和内容，是物质文化遗产和非物质文化遗产的综合体。

一、北京门头沟区古村落资源

坐落在门头沟的古村落建筑群是我国古典建筑的经典之作。这里人文景观与自然景观交相辉映，蕴藏着浓郁的民俗风情和乡土文化。继爨底下村 2003 年被建设部、国家文物局列为第一批"全国历史文化名村"之后，灵水村又于 2005 年被列入了第二批。门头沟古村落是我国北方古村落文化的明珠，具有重要的历史、文化、科学价值，是门头沟区独特的传统文化和旅游资源。

（一）古村落的人文地理坐标

古村落，作为聚落文化的一个重要组成部分，具有很高的文物价值，生动地展现着民族文化的丰富多样性，鲜明地折射出我国悠久的历史和民族文化传统，成为了解我国历史、文化的一个重要窗口。

京西古村落，把传统庭院与崎岖的山脉巧妙地融合在一起，原始的民居风貌，古朴的山地四合院，丰富的历史遗存，令人炫目的自然和人文景观，堪称我国明清山村建筑史和乡村社会文化的典范。古朴典雅的山村尽管到了 21 世纪，但依然固守着传统的生活方式，传承着乡土文化。

在古老的村落中，无论是历经沧桑的老宅，还是精美的石雕、砖雕、木雕，即使残破缺损，却见证昔日辉煌。弥漫在空中的袅袅炊烟，让每一位造访者真切感受到村民们仍然固守在世世代代养育他们的这块土地，过着田园式的生活，世代传承的乡土观念和传统的生活方式。数百年来，这些古老的民居默默地承受着自然和人为的磨砺，可谓历经沧桑。

（二）古村落的文化遗产资源

京西古村群落是我国北方古村落文化的明珠，是具有深厚乡村文化内涵的历史文化遗产。京西古村落具有重要的历史、文化、科学价值，是北京独具特色的传统文化和旅游资源。

1. 古民居

古村落民居是不可再生的遗产资源，蕴涵着丰富的传统建筑文化和规划设计理念，具有重要的历史、文化、艺术和科学价值。这些古民居对于当代和未来的人居环境建设具有一定的参考价值和借鉴意义。京西古村落的古民居建造精良、古朴典雅，山地四合院幽邃气质浑然其中，美之极致。

2. 寺庙遗址

在京西古村落遍布许许多多宗教寺庙遗址。灵水村过去共有寺庙17座，其中佛教寺庙2座，为灵泉禅寺和白衣观音菩萨庙；儒教寺庙2座，为文昌阁和魁星楼；其余13座为道教和民间信仰寺庙，为南海火龙王庙、天仙圣母庙、玉皇庙、天王庙、玄帝观、关帝庙、五道庙、二郎庙、马王庙、山神庙、牛王庙、三圣庙和土地庙。以儒学为代表的文昌阁和魁星楼，在我国北方的乡村比较少见，说明古时灵水村人对文化的重视。儒、道、佛和各种民间信仰共处一地的现象在我国乡村并不罕见，但是难得的是一个村子建有如此多的寺庙，可见灵水村人对宗教信仰的虔诚和对各种文化的包容精神。尽管灵水村大多数寺庙随着时光流逝已不复存在，但现存的灵泉禅寺、南海火龙王庙、天仙圣母庙等残垣断壁仍让人抚今追昔，体会到当年青烟缭绕、香客云集的热闹景象。

3. 古建筑遗址

京西古村落的古建筑有龙王庙戏台（灵水村）、戏台（沿河城村）、过街楼（桑峪村）、过街楼（琉璃渠村）、过街楼（万佛堂村）、敌台（沿河城村）、城门（沿河城村）、牛角岭关城（韭园村）、琉璃厂商宅院（琉璃渠村）、万缘同善茶棚（琉璃渠村）、山西会馆（三家店村）、碉楼（韭园村）等。

4. 古人类遗址

京西古村落的文化遗产还有闻名遐迩的东胡林古人类遗址（东胡林村）和前桑峪人遗址（桑峪村）。东胡林人遗址是继"北京人"和"山顶洞人"旧石器文化遗址之后的又一重要发现，又因为发现于东胡林村，故被命名为"东胡林人"。东胡林人遗址位于东胡林村西侧黄土台地上，这座遗址是新石器时代早期的人类文化遗址，距今约1万年，它是在1966年发现的。在这处遗址共出土3具骨架，正中一具少女的骨架，有颅骨、枢骨、股骨、髋骨、胫骨、耻骨和趾骨。两侧各为一具男性成人骨架，仅存一些体骨和头骨碎片，其中比较完整的有左侧股骨、腔骨和骸骨。东胡林人的发现说明了一万年前人类就在此定居和生活，这里成为孕育北京地区人类文明的发祥地之一。

5. 京西古道

据史料记载，京西古道始建于辽代，最早是京城通往山西、内蒙古等地的商旅通道，山里的煤炭、干鲜果品、土特产品等通过商道外运，城里的食盐、布匹和各种日用百货也通过商道运进山里。京西古道按用途可分为商道、驿道、香道、御道和乡间小道。京西古道是一种文化，是古代商贸往来、筑城戍边、进香赶会等人类活动的体现，特别是古道两旁残留的古迹、碑刻、关城遗址，反映了时代的变迁和历史的烙印，蕴涵着独特的古道文化。

6. 文物古迹

在门头沟古村落群中遍布着许许多多文物古迹，如皇家文书（灵水村）、三禁碑（灵水村）、"中西合璧"的时辰钟（灵水村）、仙观碑刻（燕家台村）、商代贝币（燕家台村）、贞节匾（杨家峪村和西胡林村）、百年小学课本（初等小学修身教科书）（光绪三十二年）（爨底下村）。

7. 皇家文书

灵水村发现的珍贵的皇家文书是清康熙年间（1693年）朝廷封赠刘愚恒之父刘应全为中宪大夫的文书。刘愚恒是灵水村人，官至山西汾州知府正四品。这份皇家文书是研究清代官员亲属封赠制度的宝贵资料，现已被门头沟区档案馆收存。

8. 三禁碑

在灵水村距今还完好地保留一块已有300多年历史的为保护环境、保护水源的"三禁碑"，镶嵌于南海火龙王庙的墙上，高0.94米，宽0.35米，石料为石灰岩，上面刻有详细的村规民约。"三禁碑"立于康熙辛未年，即1691年，距今已有300多年的历史。灵水村龙王庙前有八角龙池，是村民共用泉水的地方。碑文中含有池内三禁："凶泼投跳，愚顽搅浑，儿童汗溺。"池台三禁："宰杀腥膻，饮畜作践，浆衣洗菜。"可见，灵水村民在300年前就有这么强烈的环保意识。清康熙年间，对龙王庙和庙前的八角龙池重修，并留下了碑刻，"三禁碑"是迄今为止在北京地区发现的最早的保护水源的碑记。

9. 商代贝币

1981年，考古工作者还在清水镇燕家台村附近的龙门涧一带出土商代贝币100余枚。这里的贝币是中国商代窖藏贝币，为中国最早的货币，是货币的原始形态，反映了当时社会生产状况。在燕家台村西龙门涧入口处出土的贝币被专家鉴定为商代早期货币。这对于研究早期货币经济和商代人类活动具有重要的价值。

10. 牌坊

在石佛村通往戒台寺古道上有一处明万历二十七年（1599

年）由能工巧匠建造的汉白玉石牌坊，清光绪十八年（1892年）
重修。牌坊上遍雕佛像和金刚力士。正脊两端饰以龙吻，垂脊上
饰有戗兽，小额枋上雕有二龙戏珠图案。牌坊正面刻有楹联：
"星海空澄广映无边诸佛地，日轮星鉴大明洪护梵王家。"横额是
"永镇皇图"。石牌坊雕琢精细，工艺精湛，造型优美。这些精美
绝伦的石雕似乎在向世人述说着昔日的辉煌。

11. 雕刻艺术

石佛村摩崖造像群是北京地区最大的摩崖造像群。摩崖造像
造型各异，技法精湛，细微传神，技艺高超，独具特色，表现出
一种超凡脱俗的圣洁和庄严，为明代佛像中的杰作。石佛村摩崖
造像群是研究明代北京佛教文化和雕刻艺术不可多得的宝贵资
料，特别是对研究戒台寺和潭柘寺地区明代佛教发展具有十分重
要的意义。摩崖造像不仅是珍贵的历史文物，也是重要的旅游资
源。石佛村摩崖造像群还是北京地区重要文化景观。1981年，门
头沟区政府公布摩崖造像为第一批文物保护单位。

然而长期的风化和剥蚀作用对岩体和造像产生了很大的破坏
作用。崖壁上存在岩石松动，造像受到不同程度的风化和剥蚀。
石佛村的摩崖造像的保护亟待解决，岩体加固、裂隙灌浆、崖体
和雕像防风化等保护工程实施势在必行，应得到相关部门的高度
重视，使这处宗教文化遗产得到有效的保护。

12. 古树

行走在京西古村落，名木古树，侧柏、国槐、银杏、油松比
比皆是，最为著名的是灵水村的"柏抱桑榆"、"北山翠柏"和
"灵泉银杏"。

13. 抗日战争时期旧址

在京西古村落至今仍保留有许多抗日战争时期旧址：八路军
冀热察挺进司令部（马栏村）、挺进军十团团部旧址（马栏村）、
挺进军司令部旧址（塔河村）、冀热察军政委员会旧址（塔河
村）、昌宛专署黄安旧址（黄安村）、八路军宋邓支队会师地旧址

（杜家庄村）。

14. 民俗风情

门头沟古村落具有浓郁的乡土文化，村民的文化娱乐活动丰富多彩，世代相传的民俗文化延续至今，如农历正月十五转灯游庙、耍中幡、荡秋千、唱蹦蹦戏、民间说唱等。

门头沟区古幡在北京地区闻名遐迩，在千军台村、庄户村一带盛行的民间正月十五的古幡是山区古庙会的产物，是以颂神和祭神为主要内容，充满了明清古韵遗风，至今已有几百年的历史，今天已成为村民喜闻乐见的娱乐形式。柏峪村具有浓郁的乡土文化，还是戏曲之乡，梆子戏、蹦蹦戏、秧歌戏一直保持着原来的腔调，原汁原味。淳朴善良的风土人情、古老的历史传说、古朴的乡土文化和浓郁的民俗风情，构成了柏峪村完整的民间文化体系。灵水村正月十五的"九曲黄河灯"远近闻名，地方小梆子戏别具特色。

15. 文化底蕴

灵水村村民自古以来崇尚教育，读书风气浓郁，古代出过举人，近代出过学子，以"举人文化"而扬名，是乡村文化的典范。据记载，此村曾考取过多名举人，2名进士。民国时期，这个小村落曾走出过6名燕京大学的学子。"名举"刘增广等，为灵水村赢得了"京西灵水举人村"的美誉，由此产生了灵水村的"举人文化"。新中国成立后，村中也有许多学生考取大学。一个人口不足千人的小村落出现如此多的读书人，在当地形成了独特的文化现象，因此被誉为"京西灵水举人村"。灵水村千年以来的文化一脉相传，村中耕樵读书之风盛行，现在灵水村的人们仍注重文化传统的传承。

爨底下村美丽的自然环境、独特的风貌和别致的民居早就成了拍摄电视剧和电影的天然基地，《侠女十三妹》、《关东大侠》、《慈禧西行》、《太极宗师》、《无言的爱》、《手机》等几十部影视剧都曾选择这里作为拍摄的外景地。如今的爨底下村游人如织，画家、摄影家、作家、诗人等纷至沓来，成了人们寻幽访古的好去处。

二、古村落文化的保护与产业开发

门头沟拥有一个庞大的古村落群，这一得天独厚的资源为乡村旅游提供了契机，也为保护古村落和新农村建设提出了新的课题。京西古村落是不可再生的遗产资源，具有历史、科学、文化、建筑、艺术、旅游、宗教社会文化价值。对于古村落资源的开发应采取立足保护、科学规划、合理开发、永续利用的原则。

整体性保护。整体保护区内传统风貌、村落自然和人文景观包括山地四合院民居、历史遗存、乡土文化等有形和无形的历史文化遗产，以突出整体风貌的历史原真性，适当地修缮古民居、宗教寺庙、戏台等，对其进行动态和特色保护，将村落的人文景观和周边的自然景观融为一体，作为一个整体以保护为前提，进行开发。在古村落资源开发中可考虑将周边各古村落纳入旅游规划的整体序列，逐渐形成门头沟区古村落群整体旅游氛围。

特色性保护。门头沟古村落的山地四合院、历史遗存、乡土文化、自然和人文景观，堪称我国北方明清山村建筑史和乡村社会文化的典范，具有历史、建筑、艺术、美学、社会文化等多学科的研究价值，应注重特色性保护。

村民参与性保护。古村落的旅游开发资源依托村民的庭院、土地、经济作物和生态环境。因此，旅游势必会带动地区的经济发展，使村民成为旅游开发的直接受益者，只有调动村民参与资源保护和旅游开发的积极性才能促进古村落旅游和新农村建设的可持续发展。

文化产业具有低投入、高回报、增幅大等优势，门头沟区依托丰富的历史文化资源，遵循开发与保护相结合的原则，建立具有历史性、文化性和科学性为一体的乡土文化产业，具有极大的市场潜力。如灵水村以山村文化为主线，进行可持续发展的旅游开发建设。首先保护整体自然山水环境，适当恢复村中水系和山体植被，以再现历史上推崇自然、和谐的人文精神。其次是对依山而建的村庄布局、街巷形态、房屋院落等古建筑资源进行系统整理。同时，对十多处当初举人居住的大宅门和"八大商号"原址予以复建和修缮，并在建筑规模最大的举人故居里举办"中国科举文化展览"。使灵水村由一个偏僻小山村，变为了京西旅游不能不去的独特景点。又如门头沟爨底下村旅游开发公司以形式各异、装饰讲究的明清民居建筑为开发元素，设计出一套民居艺术品系列，包括门楼、门墩、碾子等，并寓意喜上眉梢、财源滚滚，突出了爨底下村的建筑特点，还传承了爨底下村民俗文化，又赋予了爨底下村特殊的精神内涵，很受市场青睐。

第三章 农业生产文化资源

第一节 农业生产文化

一、农业生产文化的内容

我国是世界上农业发展最早的国家之一，我国农业有着悠久的历史。农业和文化有着不可分割的必然联系。农业是一种文化，我国的传统文化就是农耕文化。在我国占主导地位的传统文化，无论是物质的还是精神的，都是建立在农业生产的基础上的，它们形成于农业区，也随着农业区的扩大而传播。农耕经济是我国传统文化产生和发展的经济基础，它贯穿于我国传统文化的发展始终，对我国传统文化特征的形成产生过多方面的影响。农业文化的发展不仅为历代人民提供了物质生活资料，也为科学和文化的发展创造了有利条件。农业生产文化在我国的农村文化中占有举足轻重的地位。

我国在农业生产上有一个先进的、丰富的、完备的科学技术知识体系。这个体系是我国文化的一个重要的构成部分，即农业生产文化体系。农业生产文化包括农业物质文化和农业智能文化两大类中的部分亚类。农业物质文化即几千年农业生活、生产活动中创造、培育及传承下来的带有历史痕迹或文化附加成分的物化品，有农具和农村建筑等亚类，其中农具文化为农业生产文化。农业智能文化即农业生产与生活中经民间总结提炼而成的具有理论化、文学化、经验化、习俗化的内容。农业智能文化有农谚、农趣、农节、农业生产、农村民俗、农村生活、农业制度等亚类，其中包括农业生产文化。

二、农业文化遗产的保护

我国是个农业大国，农业文化遗产是这个国家的主要财富，因此，保护农业文化遗产应该在我国这样一个农业国的文化遗产保护中占有重要一席。然而，随着社会的发展，特别是在以农药、化肥、除草剂、催熟剂等所谓农业现代化充斥于世的时候，部分传统农业文化正在遗失，有必要将传统的农业生产知识和经验技能进行系统地整理与开发，为农业文明的进一步发展提供参考，基于以上原因，传统农业文化遗产保护有其急迫性和必要性。

第二节 农业节日文化资源开发模式与经营管理

一、传统节日与农业文化的关系

我国自古以农为本，以农立国。农业生产有很强的季节性特点：春播、夏耘、秋收、冬藏，周而复始，年复一年。我国重要的传统节日，大部分的形成都与历法有关。历法主要是农业文明的产物，由历法而起源的节日，无论性质还是形式，自然也是主要为农业生产服务的。也就是说，我国传统节日之产生乃至传承发展的根源在于千年的农耕文明。这种传统节日具有民俗文化传承性的重要特点，一旦形成，便有一种相对独立性和稳定性而世世代代传承下去。我国节日文化根植于数千年的农业文化之中，民间流传下来的许多节日都有两千年以上的历史，其中很多习俗是从远古时代传承下来的，至今还为人们所接受，表现了顽强的生命力。

从远古时代起，先民就已掌握了反映农业生产特点的历法知识。历法反映了农业生产规律，对指导农业生产起了积极作用，同时也为岁时节日的产生提供了必要的前提。有些节日如立春、夏至、立秋、冬至等，则是由节气直接发展而来的。岁时节日与历日节气关系十分密切。

我国各地一年中的节日主要有：

正月　初一　春节。初二　犬日、布依族蚂螂节（蝗）。初三　猪日、普米族吃虫头（虫）。初四　羊日。初五　牛日。初六　马日。初八　谷日。十五　元宵节，汉族炸麻虫（虫）、苗族偷菜节（蚕）。立春前一日　汉族立春节，有鞭春（牛）、迎春（燕蝶）、咬春（萝卜、春饼）。

二月　初一　太阳生日、瑶族歌鸟节（虫）。初八　彝族插花节，将马樱草花插在田头地边，或绑在牛、羊的额角上，预祝六畜兴旺、五谷丰登。十二　百花生日（花朝）

三月　清明前后　汉族龙蚕会、轧蚕花、送百虫。十五至十八　苗族姐妹节。

四月　初八　浴佛节（放生节），壮族牛王节。廿八　神农诞辰。

五月　初五　端午节。廿四至廿五　苗族龙船节。

六月　十八　闹鱼节。廿四　荷花生日。

七月　二十　棉花生日。

八月　十五　中秋节。庄稼成熟日"秋"。二十　水稻生日。

九月　初九　重阳节。

十月　十六　瑶族倒稿节（斗牛等）。

十二月　初八　腊八节。

这些节日都与农业生产、农民生活息息相关，且大多数节日流传至今，都形成有代表性的饮食习惯或庆祝活动，如正月舞龙、闹元宵，清明踏青，端午赛龙舟，中秋吃月饼，重阳登高，除夕接灶、守岁等。随着一年四季的变化和农作物安排的需要，逐渐形成了一系列丰富多彩的节俗活动，表现了鲜明的农业文化特色，这从以下节俗活动中可见一斑。元旦前后的立春节，看风云，占天候，预测年岁丰歉。二月惊蛰节令到来时，民间有预防虫害，预占收成的习俗。三月清明、谷雨前后是春耕播种的大好季节，不少节日如蚕月（小清明）、踏青节、禹生日、麦王生日、龙王节、清明等节日活动都与祈求丰收有关。四月立夏的节俗活动大都是围绕各地生产特点进行的。五月盛夏之初，各种灾害较多，俗称为"恶月"，其节俗活动多与防病、除害有关。夏至许多地方有"祭田婆"、摘新谷祭祖习俗。六月正值三伏酷热季节，易染疾病，因此，许多习俗偏重于消夏抗暑活动，包含有爱护生产力的意义。六月六日天贶节，不少地方农民为保护耕田要祭祀谷神。七月七日乞巧节，从牛郎织女神话传说演变而来的妇女乞巧习俗，反映了男耕女织的经济生活。八月是一年中的收获季节，农民用新谷酬谢祖宗和家神。中秋节赏月、拜月、赏桂，有喜庆丰收的习俗。九月霜降节令，关系到来年生产的好坏，这一天各地有看晴雨、占收成的习俗。十月一日，一些地区农民庆祝牛王生日，广东有对牛不穿绳的"放闲"习俗，这是农闲之际向牛酬谢的表现，实际上是古代牛图腾崇拜风俗的遗留。十一月"冬至大如年"，农民有看雪的习俗，所谓"一九雪，九九皆有雪"。大雪可冻杀害虫，来年农事丰稔。谚语"冬雪是麦被"，其含义即在于此。

二、利用传统节日开发乡村旅游

传统节日在中华民族传统文化中具有重要的价值。节日是历史和文化传统的积淀和再现，是民族性格、民族文化的集中展示，是社会群体和谐团结的黏合剂，是文化认同、民族认同、国家认同的重要标志。我国全民性的传统节日似一面透视民族心理的镜子，似一项人与自然、社会沟通的仪式，也似一本培养民族意识和爱国主义的教材，更似一个寄托民族情感、体验民族认同、提升民族团结、促进社会和谐的文化平台。人们在其乐融融的喜庆氛围中能切身感受到中华传统文化的醇厚和美好，感受到人间充盈的温情和暖意。同时，人们又借助节日活动来抒发丰富的情感，寄托美好的愿望，追求一种天地人的和谐：祈求五谷丰登、人丁兴旺、阖家幸福、民族和睦。我国是一个贵人伦、重亲情的国家。千百年来形成的节日礼俗蕴涵着浓厚的伦理观念和丰富的人文精神，中华民族文化中的真善美以及和谐的精髓在其中被发挥得淋漓尽致。除夕阖家团圆、辞旧迎新；清明扫墓祭祖、寄托哀思；端午龙舟竞渡、悼念屈原；中秋阖家欢聚、共享天伦；重阳登高望远敬老爱老。这些传统节日根植于催生它的民族土壤，烙有鲜明的民族印记，以铸造民族性格、传承民族文化、弘扬民族美德为主旋律，散发着爱家、爱国的浓重气息。

在旅游过程中对农业文化进行消费的现象称之为农业文化旅游，这种农业文化是农村居民以不同形式的文化特征所构成的以农业为载体的文化复合体。农业文化旅游通常表现为以外出旅游为目的的观光农业、生态农业，以教育为目的的市民农场，以休闲为目的的家庭附属农业等等。

利用传统节日开发乡村旅游是保护传统农业文化的重要方式。节日有两个基本要素：传承文化价值，举行民俗仪式。节日文化是构建起来的，一个时代如能创造和传承具有生命力的节日文化，添加厚重的文化内涵，形成特有的民俗仪式，并把这样的节日世世代代传下去，是对我国文化的重要贡献。贯穿一年不同的季节、时令，有各具特色的不同节日以及它们不同的庆祝方式和习俗。这些传统节日以弘扬民族美德为主旋律，散发着爱家、爱国的浓郁气息，其具有的审美情感、趣味、精神等影响巨大。利用民俗节庆文化可开发的乡村旅游品种如元宵节的花林灯会，清明节的"游子寻春"，端午节的"爱国狂欢"，乞巧节的"织女弄梭"，中秋节的乡间赏月，重阳节登高望远以及冬至节等。利用这些节日开发乡村旅游，要按照节日本身的传统，挖掘其文化内涵、庆祝方式和饮食习惯，在此基础上与本地实际情况和时代特点相结合，从节日名称、主题活动和旅游产品开发等多个方面创新推动乡村旅游的发展。比如，将"乞巧节"确立为"爱情节"，展现人们对幸福爱情和美好家庭的追求，倡导"两情若是久长时，又岂在朝朝暮暮"的坚贞爱情观。所以可将"乞巧节"以"爱情节"的名称推出，富有新意，将"乞巧"的真谛清楚阐释的同时，又避免了与"西方情人节"的重复。"乞巧节"的主题相应地可定为"浪漫爱情、幸福家庭、和谐社会"。要从民族区域的独特性、节日类型的季节性、节日历史的悠久性、节日的美学特色与节日活动的组合等方面，寻找和突出具有地方特色的节日庆贺方式。运用地方戏曲、民俗展示等方式展现传统节日的历史，吸取西方节日某些合理的元素，设计各种丰富多彩、群众喜闻乐见的节日庆典形式。以其丰富的知识性、形式的多样性，创新乡村旅游项目。

乡村旅游中对民族传统节日项目的开发应因地制宜，立足创新，循序渐进，办出特色。在开发过程中应做到以下几点：

（1）提高认识，加强组织领导。开发传统节庆乡村旅游项目，首先要提高认识，转变观念。加强宣传力度。要通过各种宣传媒体大力宣传传统文化旅游产品，树立独具特色的旅游形象，激发人们对传统文化旅游的消费欲望。

（2）具体设计，因地而易，因时而易。旅游开发不能搞"人有我有"、"千人一面"，而应扬长避短，充分表现和突出自我特色。在设计传统节庆乡村旅游项目时，应从民族区域的独特性、节日类型的季节性、节日历史的悠久性、节日的美学特色与节日活动的组合等方面，寻找和突出具有地方特色的节日庆贺方式。创造性地开发传统节庆的乡村旅游项目。

（3）精心挑选文化产品。一年四季都有节日，按照不同的季节，把旅游产品科学实用地加以编排，做到疏密合理；开发一个，精品一个，稳扎稳打，逐步实施。不断赋予传统节庆活动新的内容，培育新的兴奋点，使传统节庆活动保持长期的活力。

（4）加强传统节庆乡村旅游的软硬件建设。节庆文化旅游的内涵非常丰富，应具有旅游观光、度假休闲、参与体验、增长知识、增强体质等多种功能。这就要求旅游地不仅要有配套的活动设施来满足旅游需求，而且更要提高经营管理者和从业人员的文化素养，使之具备并熟知有关传统节庆的历史知识。做到既是旅游业的服务人员，又是民族传统文化的宣传员、普及员。

（5）加强包装宣传工作，形成营销合力。旅游景区景点的不可移动性决定了宣传促销是旅游业发展的关键所在，对于新开发的节庆旅游项目，要由政府、同业联盟或企业出面加强宣传与建立营销网络。宣传营销的形式和方法，一要突出传统文化、节庆的特色。二要遵循乡村旅游经济规律符合旅游心理学要求。

三、农业节日文化产业开发项目

以农业命名的节日叫农业节。这里的"农业"是大农业的概念，除了农林牧副渔诸业外，还包括农业文化、民族风情等。但农业节多以当地的特色农业品种进行命名，节日的时间一般选在这一农业品种成熟采摘的某一天或一段时间。农业节具有区域性（某地）、连续性（年年）、固定性（某天或某几天）、专业性（某一品种）、社会性（政府主办、社会参与）等特点。传统的农业节多局限于农产品贸易、庆丰收。现代农业节多以农为媒，在突出某一品种农产品促销的同时，还开展多方位的贸易洽谈，进行旅游活动，宣传推介区域形象。农业节已成为农民增收、农产品促销、发展当地经济、树立地区形象的有力举措。

目前，全国各地的农业节主要有：以品种命名的有葡萄节、桃花节、荷花节、油菜花节、槐花节、樱桃节、辣椒节、荔枝节、芒果节、板栗节、苹果节、西瓜节、赛马节、赛猪节、赛牛节等；以多品种命名的有采摘节、垂钓节、捕鱼节、百果节、金果节等；与民族风情有关的农业节有火把节、泼水节、望果节等；以农产品加工方面的农业节有丝绸节、啤酒节、茶叶拍卖节等；农历24节气有的也演变为农业节。有些地方庙会、集市贸易也可归为农业节。

新疆的葡萄节是我国最著名的葡萄节，有的资料把新疆葡萄节列入了我国重要的节日名单，已经超出了农业节的范围。到2004年，新疆已成功举办了第十三届中国丝绸之路吐鲁番葡萄节。吐鲁番葡萄节以吐鲁番著名的葡萄和旅游为主题，本着安全、效益、质量、节俭的原则，采取政府主导、企业与社会参与、市场运作的办节方式，坚持团结、友好、合作、发展的办节方针，突出吐鲁番厚重的历史文化和葡萄文化以及浓郁的地方民族特色，充分展示吐鲁番丰富多彩且独具特色的自然、人文旅游资源，进一步扩大吐鲁番历史文化在世界的影响力。

节日期间，通过举办大型歌舞表演、千人麦西来甫大联欢、方阵花车巡游、达瓦孜表演、大型歌舞晚会、丝绸之路旅游研讨会、全国葡萄学术研讨会、中国丝绸之路首届吐鲁番国际沙雕节、风味小吃大奖赛、新疆"葡萄杯"青年歌手大奖赛等各种节庆活动，给吐鲁番的旅游业提供扎实的文化背景，以吸引国内、国外更多的游客来吐鲁番观光旅游，确保吐鲁番旅游业在本地区经济中保持其主导地位和持续增长，并逐步将吐鲁番葡萄节推向市场，推向世界，使吐鲁番葡萄节成为全国乃至世界著名的旅游节庆品牌，并通过"文化搭台、旅游唱戏"，切实做到利用文化这个大舞台唱好旅游戏，最终推动吐鲁番经济、社会的全面发展。到2005年第十四届新疆葡萄节，累计交易额已达近百亿元。

第三节　农具文化资源开发模式与经营管理

一、农耕工具的种类

传统农耕工具是传承农业生产文化的物质载体，在一定历史阶段，既满足了农业生产的需要，又推动了人类社会文明的向前发展。传统农耕工具主要包括以下几类：一是耕作播种用的生产工具，如铁铲、铁锄、木犁、木耙、木耧等；二是场上作业用的生产工具，如石磙、扇车、木锨、木杈、铡刀、纺车等；三是加工用的生产工具，如石碾、石磨、石臼等；四是农用运输工具，如木轮车、铁轮车、独轮车、扁担、箩头等；五是其他农用生产工具，如铁锹、木桶、水车等。

随着农业生产方式的不断变革，现代化的农业机械已经成为现代农业生产的主力军，传统农耕工具即将退出历史舞台，并逐渐被时间所淹没。为及时抢救传统农耕文化遗产，应通过观光体验、教育展示等方式开办各种类型的农具展馆，将传统农耕工具以实物的形式进行保护，以传承农具文化。

二、农具文化产业开发项目

全国首家农民自办的农趣馆——江苏省南京市江心洲农趣馆就是农具文化产业开发的成功范例。江心洲位于南京城西南的长江上，亦名梅子洲，面积 15 平方公里。岛上绿树成荫，瓜果飘香，素有"金陵绿宝石"美誉。鲁氏农趣馆是该地著名景点之一。鲁氏农趣馆位于江心洲民俗村中部，占地 6800 平方米，由本地居民鲁维胜投资兴建。2000 年 11 月开工，2001 年 5 月正式开放。

农趣馆以旧时民间劳动、生活用具为主要看点，民间劳动为活动内容，融参观、参与、娱乐为一体，展现过去农村的劳动场景。馆内收集展示了旧时民间劳动、生活用具 2000 余件，其中包括新中国成立前以及新中国成立初期即 20 世纪 30~50 年代我们的祖辈所使用过的数百种简朴原始的手工劳动用具。陈列在馆内的有旧时用过的田间劳作犁、耙、锄、锹，打稻脱粒碾米用过的木桶、脱粒机等，收割用的各式镰刀、铡草机、草席机等，有失传几十年的纺车、土织布机、弹棉花槌、弓，避雨用的蓑衣、斗笠等，有旧时用的各式量具升、斗、斛、十六制秤等，还有可供游客参与娱乐的磨豆腐、舂米等仿古劳作。

馆内分静态、动态、休闲服务三大功能区，展区细分为生活用具、耕作用具、收割用具、生产管理用具、灌溉用具、纺织、造纸用具等类型，有静态农具展览、计量用具展览、现场操作农具、知青屋、水车群、观景楼等展示区。游客们在这里可以踩水车、推石磨、摇辘轳取井水，见识中国丰富多彩的农俗文化，体验到农作的乐趣。除了各种难得一见的农俗展品，本馆的内部装饰也别具特色：号称"中华第一犁"的大门，黄土墙，茅草屋，爬满葫芦、南瓜的棚架，处处体现一种"农趣"的氛围。该馆自开馆以来，各地游客络绎不绝，有20多个国家的游客也前来参观游览，农趣馆已经成为到南京江心洲旅游的必去之地。

除了农趣馆外，江心洲还有展示我国过去六种行业的民间作坊馆：油坊、磨坊、针线坊、竹线坊、木作坊、铁作坊，以及有浓郁农家特色的乡村茶艺中心。

第四节　生产型观光农业开发模式与经营管理

一、生产型观光农业园

生产型观光园是在农业科技力量较雄厚、具有一定产业优势、经济相对较发达的城郊和农村，以调整农业生产结构、增加农民收入、展示现代农业科技、吸引市民观光为目标，以农业生产主题公园、农业集约化生产为主要载体，以农业科研、教育和技术推广单位作为技术依托，集农业、林业、水利、农机、工程设施等的高新技术为一体，引进国内外优质品种和先进适用高新技术，对农业新产品和新技术集中投入、集中开发而形成农业高新技术的开发基地和生产基地，是推动农业现代化发展的有效方式。

生产型观光农业同时具有游览、观赏、学习和采购功能，一般处于城乡结合部，是设施化、园林化的农业。围绕生产型农业观光园的基础设施配套、主导产业配套，生产型观光园一般可分为养殖精品示范基地，蔬菜、林果、瓜类、花卉苗木示范基地。在农产品加工上，重点发展食品、蔬菜、肉类、水禽加工，着力拉长做大农产品产业链。强调第一产业和第三产业相结合，做强物流业、现代服务业和生态旅游业是生产型观光园的发展方向之一。

生产型观光园基本特点：

1. 设施新

农业科技园区采用大量现代农业设施进行生产，包括工厂化设施（温室、节能日光温室、钢架大棚）和节水农业设施（喷灌、滴灌）。这些设施生产功能齐全，能对特定的生产场地进行部分和全部调控，为动、植物生产提供适宜的生产环境，少受自然灾害的影响。

2. 品种新

大部分农业科技园区以引进经济作物的高新品种作为高科技农业示范的主要内容。园区种植蔬菜是名、特、优、稀品种。这些新品种的品质优良、抗病性强，具有较高的经济价值和市场效益。

3. 技术新

采用高新技术改造传统农业，对传统农业技术进行嫁接和组装，成为许多农业科技园区的主要示范内容，目前，用于园区的农业高新技术主要有无土栽培、组培快繁、温室调控、工厂化育苗、节水灌溉、生物防治、胚胎移植、珍禽养殖、食用菌生产、无公害蔬菜生产、氨肥饲料、农产品精加工等多种高新技术。

4. 机制新

农业科技园区经营运作采用新的运行机制，在原有的家庭承包制的基础上，打破传统的小农经营模式，进行机制创新，把现代农业企业管理机制引入农业科技园区的建设和经营。

生产型观光园是农业综合开发上一个新台阶的增长点、农业科技示范新的展示点、农业现代化建设的新的生长点、科技走向农村千家万户的紧密结合点，是集生产发展、旅游观光、消闲娱乐、锻炼身体于一体的新型农业生产基地。

二、"五朵金花"观光园开发项目

"濯锦之江，源远流长"，以文明千古的濯锦之江冠名的锦江区，是成都市的中心城区，面积 62.12 平方公里，常住人口 40 余万人，现辖 16 个街道办事处。自唐宋以来，锦江区便因"百业云集，市兴盛"而闻名川西。

锦江区紧紧围绕成都市委提出的"三个集中"——工业向集中发展区集中，农民向城镇集中，土地向规模经营集中，创造性地开展工作，遵循客观发展规律，坚定不移地以农业产业化和观光农业为主导，坚持"资源有限，创意无限"的理念，充分利用本区地貌的特征，因地制宜，因势利导，用自己的智慧、力量和汗水，浇灌出了花乡农居、幸福梅林、江家菜地、东篱菊园、荷塘月色"五朵金花"，有效解决了"钱从哪里来，人到哪里去"的关键问题，探索出了一条农民就地市民化、实现城乡一体化的路子。"五朵金花"占地 1.3 万余亩，包括 5 个景区，总面积 1 万亩左右，即"鲜花"——花乡农居、"荷花"——荷塘月色、"菊花"——东篱菊园、"梅花"——幸福梅林、"菜花"——江家菜地。其中，"花乡农居"是西南辖区重要的花卉集散批发地，年销量额达到 4 亿元以上；"幸福梅林"是西南地区重要的梅花生产基地，也是我国四大梅林之一。现有农户 2821 户，"农家乐" 328 户，景区内各类旅游景点 50 余处。

（一）功能设计与特色风格

三圣花乡景区，是成都市规划的城市通风、绿化用地。过去"天晴一把刀，下雨一包糟"，这里的农民多年来处于"土地不多人人种，年年丰产不丰收"的境况。通过锦江区委区政府按照成都市委、市政府推进城乡一体化的战略部署，根据各地特色搞起不同特色景区，"春有红砂，夏有荷塘，秋有菊园，冬有梅林，江家菜地四季皆宜"，这"五朵金花"其实就是东郊五个小村子。

这五个村子，都搞出了名堂，红砂村搞的"花乡农居"，幸福村搞的"幸福梅林"，驸马村搞的"东篱菊园"，万福村搞的"荷塘月色"，江家堰村搞的"江家菜地"，五个村子加起来，大家给它取了个好听的名字，叫"五朵金花"。

打造"五朵金花"，锦江区政府投入 8300 万元，用于搭建融资平台，吸引民间资金 1.8 亿元，改善了农村环境，搭建了农民增收平台，建成了市民休闲的开放式公园，成功走出了一条推进城乡一体化的新路子。

"五朵金花"占地约 12 平方公里，如果按照常规的城市化基础设施建设，每平方公里需投入 1.5 亿元，总投资约需 18 亿元。三圣街道办事处按照市委、市政府统筹城乡发展，推进城乡一体化和"三个集中"的总体要求和部署，依托花卉产业，采取"政府主导、市场运作、农民参与、错位发展"的思路，每平方公里仅投入 1500 万元，就实现了"五朵金花"的景观打造和城市化建设。

三圣街道办事处还以四川花博会的召开、观光农业的开发为契机，极力宣传"五朵金花"，吸引了众多的游客；特别是这种以旅游产业带动农村发展的模式，得到了专家的高度评价，在农村改造方面非常有经验的韩国专家都前来取经，认为三圣街道办事处的实践"非常有特色，非常有生命力"。

四五月份，是成都最好的季节。红砂村无处不飞花。月季、牡丹、鹤望兰……红的、蓝的、绿的，阵阵沁人心脾的花香让人心醉，远道而来的游客正漫步花间，或赏景，或揿动着相机的快门；幸福梅林微波荡漾的湖面水天一色，湖面上野鸭嬉戏，湖边休闲的人们欢歌笑语，其乐融融；躬耕在江家菜地的人们，享受到一种别有的田园野趣……

金花一：幸福梅林

从市区出发，车行仅 20 分钟。到了梅花村，一片一片丘陵，静卧川西平原中。丘陵起伏间，有青瓦农舍，有小桥流水，有梅树点点，有游人如织，恰似一幅古朴淡雅的乡村游乐图。

"幸福梅林"四个大字，立在路边，非常醒目。这个幸福村，过去因为土地富含酸性，不宜种粮，农民们只能靠种植蔬菜和梅花为生。名字叫的是幸福村，可人均年收入也就两三千元，比起其他郊区，过得并不算幸福。

幸福村对各家各户梅花进行调整，适当集中，又引进珍稀品种，建起"岁寒三友"、"梅花三弄"等精品梅园，兴建了别具特色的"梅花博物馆"，还对全村农舍，进行统一设计（主要是外墙粉刷，略作装饰，搞成统一的农家风格）。这一切准备停当，2006年12月，成都市在此举办了"中国成都首届梅花文化节"，梅花村因此一举扬名。城里人一听说这里有个幸福梅林，还举办梅花节，专门看梅花的。市民们纷纷利用假日周末早上出得城来，寻一山居农舍，院坝头支两张桌子，放几把椅子，三五亲朋好友，或打扑克，或搓麻将，或摆龙门阵（成都人摆龙门阵"有瘾"那是出了名的）。喝几杯农家清茶，嗑两碟瓜子花生。时近中午，农舍主人会按传统做法，弄出一桌农家菜肴，什么麻辣鸡、回锅肉啦、白水兔、水煮鱼啦，再来一碗豆腐青菜汤，原汁原味，绝对绿色食品，真是要多巴适（舒服）有多巴适！酒足饭饱之余，四处看看梅花，观观山景，待到夕阳西下，四五点钟，这才心满意足，打道回府。一趟"农家乐"，连吃带玩，每人也就花销30元左右。多么实惠的乡村假日休闲。

金花二：荷塘月色

荷塘月色是成都锦江区星级农家乐五朵金花之一。

初识荷塘月色，是因为它是春节期间的灯会的会场之一。象征荷塘月色、幸福梅林、花乡农居、江家菜地、东篱菊园锦江区"五朵金花"的巨型莲花灯组在碧波中缓缓绽放。

身穿红色唐装、头戴黑色瓜皮帽的两只红脸狗站在高约3米的荷花灯上互相拱手，祝福新年，造型各异的上万盏彩灯浮在一片片波平如镜的荷塘上，令人惊叹。多数灯组都结合着各种各样的荷花造型，展示着浓郁的节日气氛，如用荷花拼成的新年祝福灯组、海豚戏浪、金猴摘桃、许愿池灯组、象征狗年吉祥的斑点狗灯组等。

现在的荷塘月色恬静多了，农居是刚刚完成了外装修，墙画的颜色有很鲜、很浓的年味，很温馨热闹的感觉。农居下喝茶打牌的人很多，也有像这样围着荷塘四处转悠的，更有像许多游客在菜地里去摘荠菜和艾蒿的，可以想象，中午有一顿荠菜饺子和艾粑粑吃了。柔柔的灯光洒在无尽的碧波上，荷塘里，绿色的荷叶亭亭如盖，粉红的荷花无边怒放。

金花三：江家菜地

江家菜地共 3000 亩，位于三圣乡江家堰村，紧邻幸福梅林的幸福村，与红砂村遥遥相望，是成都市重要的蔬菜生产基地。"江家绿色蔬菜"的知名度颇高，特别是江家堰村的生姜享誉全国，畅销上海、北京等大城市。

站在村口，近处的田间地头满眼是即将丰收的蔬菜，有丝瓜、苦瓜、豇豆、瓢儿白，还有长着硕大叶子的芋头……而远处绿色的田野上，几处水塘星星般点缀其间，竹林随风轻轻吟唱，不知名的小鸟在茂密的林间欢快地鸣唱。

江家菜地其实最有意思的是这个村子并不种花，全都种菜。不是农民自己种，而是把土地租给城里人，让他们来种。农民们把一亩菜地，分成十份。每一份菜地，租给城里人，一年租金800 元。种子、肥料、管理都由农民负责，城里人只是利用周末假日，带着孩子，到自己的菜地里干干活，锄锄草，施施肥，体验体验农家生活。中午，可以就地取材，吃自己种的绿色食品。晚上回家，还可以带上一车新鲜蔬菜。每年吃不完的，可由农民代为出售。这种方式，城里人觉得很新鲜，很有乐趣，还能教育孩子。农民们收入也相当可观，真正地做到了城乡统筹、互补双赢。

金花四：东篱菊园

"采菊东篱下，悠然见南山"。东篱菊园位于三圣乡驸马村，拥有绚丽菊花美景和丰富的菊文化。满目金菊的田野中，点缀着一幢幢红瓦粉墙、乡村别墅风格的农房。在这里，你也可以品尝到独特的、美味可口的菊蟹美食。

金花五：花乡农居

花乡农居位于三圣乡红砂村，这里四季百花争艳，鸟语花香，因此得名花乡农居。

在三圣乡里游客可以看到这样的景象：一幢幢川西民居风格的农家小院，白墙青瓦，绿荫掩映。路口房下停得满满当当的汽车；庭外园内坐在树下花前品茗休闲的市民；还有三三两两的外国游客，在当地导游（村民）的带领下，游走在繁花似锦的乡村道路上。数十幢老成都民居特色的农舍，错落有致点缀其间，与万亩花卉相得益彰，座座川西民居风格院落尽显古朴和清丽，构成一幅人与自然和谐相融的绚丽画卷。院内，"一户一景，一户一色"，各不相同。有原汁原味的农家风格，也有苗圃环抱的川西四合院。

"花乡农居"以发展小盆花、鲜切花为主，努力建设国家级风景区；"幸福梅林"以种植梅花为主，围绕梅花文化拉长产业链条；"江家菜地"以认领方式，发展体验式观光农业；"东篱菊园"规模化种植菊花，建设不同品种的菊园；"荷塘月色"以田园水塘为依托，种植荷花，完善优美的田园风光，成为艺术创作、音乐开发的艺术村。春意画乡农居、夏趣荷塘月色、秋忆东篱菊园、冬韵幸福梅林、四季归隐江家菜地，形成一个系统的旅游圈和产业林，"五朵金花"错位发展，竞相开放，避免了因时令限制带来的游客流失，又各自找准了优势，避免了同质化、低水平的竞争。

"花乡农居"、"幸福梅林"被国家建设部评为"2005中国人居环境范例奖"，"五朵金花"被评为国家AAAA级风景旅游区，红砂村（"花乡农居"所在村）被中央文明委授予"全国文明村镇"称号，幸福村（"幸福梅林"所在村）被评为省级文明村。

"五朵金花"的开发既叫好又叫座，通过以花兴农，切切实实提高了农民的收入，2006年，全区农民人均收入达到7353.7元，红砂村达7850元。

（二）经营管理与促销方法

锦江区立足三圣花乡300年的种花历史，创新思维，以花为媒，充分利用地处城郊结合部和城市通风口的地缘优势，因地制宜，创造性地打造了"五朵金花"，农民不再把离乡进城作为进入现代化的唯一途径，而是变传统农业为体验式休闲产业，形成锦江区推进城市一体化、发展观光农业的独特景观。

把文化因子和产业因素联系在一起，把传统农业升华为现代观光农业，是锦江区成功打造"五朵金花"的关键。一是文化与产业相结合，挖掘幸福梅林的梅花传统文化，赋予荷塘月色以音乐、绘画艺术内涵，变单一的农业生产为吸引市民体验、休闲的文化场所，使文化产业与农业产业相得益彰，增加传统产业的文化附加值。二是使郊区农户依托改造后的农房，采取自主经营、联合经营、出租给有实力的公司等方式，发展观光农业。三是龙头企业带动农业。四是塑造品牌形象，不断提升"五朵金花"的旅游质量和知名度。

（三）引申服务项目与其他

"五朵金花"占地约12平方公里，如果按照常规的城市化基础设施建设标准（包括公园建设），每平方公里约需投入1.5亿元，总投入则达18亿元。"五朵金花"按政府引导、企业主导、市场运作、农民参与的方式，每平方公里投入仅1500万元，整个片区投入约1.8亿元，就搭建了农业增效、农民增收的平台，而且找到了后续管理成本的平衡点。一是为农民提供了增收平台。"五朵金花"形成的观光农业产业，吸引众多农业龙头企业和经营商家，为农民致富开拓了更多的增收渠道。二是为农民市民化提供了前提。农村基础设施的改善，城乡交流的强化，农民就地享有了城市文明，以优美的田园风光，和谐的生态环境，每年吸引了数百万人前来休闲度假。三是探索出了一条统筹城乡发展的新模式。"五朵金花"的成功运作使农民离土不离乡，进厂不进城，减少了对城市扩张的压力，消除了城中村的形成，走出了一条农民就地市民化的路子。

（1）花卉产值增长。2003年，以承办四川省首届花博会为契机，运用市场化大力发展现代花卉业，花卉产值由2000年的4124万元，上升到2005年的6560万元，增幅达59.1%。

（2）三产收入飙升。"五朵金花"已接待休闲旅游者近2000万人次，实现收入4.24亿元，2007年五一黄金周就接待44.39万人次。

（3）农业产值上升。农业生产总值五年增长了6602万元，增幅达85.5%。

（4）农民资产增值。"五朵金花"土地租金由每亩1500元上涨到每亩2000元。改造后的农房，租金由每平方米500元上涨到每平方米1600元，整个片区农户资产增值超过了13亿元。

（5）农民收入增加。依托"五朵金花"搭建的农民增收平台，为农民提供了四种稳定的收入。一是租金。以转包、出租、互换、转让、入股等方式，使土地向有技术专长、有资金实力、有经营能力的专业大户、工商业主和经营能人集中，形成规模化、集约化的农业产业基地。目前土地流转业主486户，其中土地经营规模在100亩以上的有33户。农民土地承包权流转，每亩每年可获得1800元以上的租金。农民宅基地出租，每年可获得3万～10万元的租金。二是薪金。农民到农业龙头企业或公司务工，成为农业工人，每人每月可获取500元以上的薪金收入。依托从事观光农业经营活动，每户每月经营收入上万元。三是股金。引进专业公司对区域内农房进行整体策划包装，打造具有独特风格和文化品位的乡村休闲酒店，引导农户以宅基地和土地承

包经营权入股的形式、以"保底加分红"的模式分享收益。四是
保障金。农民达到社会保障条件后，每月可领取 364.41 元的养
老金，210 元的低保金、报销住院费等"保障金"收入。2005 年
农民人均收入达到 7000 元。

（6）政府收益攀升。2002 年"五朵金花"的税收收入 40 万
元，2005 年则达到了 1200 万元，年增幅达 300%。

（7）集体资产增值。按现代股份制公司改革和发展农村集体
经济，促进农村经济发展壮大，创办农村公益事业，让农民得到
实惠。2002 年，"五朵金花"的集体资产为 837 万元，绝大多数
为办公用房、土地等固定资产折价，集体经营性资产和现金收益
较少，2005 年，片区集体资产达到了 3583 万元，年增幅达
122%，经营性资产大幅增加，占了 2000 万元以上，为集体经济
的发展壮大注入了动力。

（8）周边地价大涨。由每亩 50 万元涨到 200 万元以上。

"五朵金花"系新农村建设的成功典范。打造"五朵金花"，
不仅改善了农村的人居环境，改变了农民的生活习惯，也改变
了传统的单家独户、大田种植的农业生产方式，将文化产业巧
妙地与农业生产嫁接，整合农村各次产业，引导农业生产经营
规模化、产业化、工业化，大力发展观光农业，土地产出效益
大幅增长，由每亩种粮食收入 2000～3000 元，种花或蔬菜年收
入 4000～5000 元提高到上万元。农民依托所构建的经营、就业、
保障平台，变单一的种植农作物收入为拥有"四金"的多渠道增
收，保证了农民增收的稳定性和持续性。实现了"生产发展、生
活宽裕、乡风文明、村容整洁、管理民主"的社会主义新农村建
设目标。

以城市管理理念建设农村，以工业发展理念经营农业，"五
朵金花"走出了一条专业化、规模化、品牌化的观光农业发展之
路，明显改善了农村的生产生活条件和整体面貌，率先建成了社
会主义新农村建设示范区。

第五节 科教型观光农业开发模式与经营管理

一、农业科技园区

科教型观光农业是智能型农业生产文化产业的一种类型。农业科教观光园是有一定规模和较高科技含量的园区，科教园区是以"名特优，新奇特"为特征的集约化发展园区，园区在促进农业结构调整、科技成果转化、科普教育宣传、提高农民收入等方面可起到带动示范作用。通过合理的规划和建设，农业科教观光园可成为带动农业产业结构调整、开展产业化经营的示范园区，农产品高新技术、新优品种研发示范、推广的园区，成为农业高新技术推广的培训基地和观光、休闲和科普教育的园区。

农业科教观光园集高新技术研究、示范和产业孵化于一体，是我国农业经济发展中涌现出的一种科技与农业相结合的经济组织形式，是用高新技术改造传统农业的根本途径之一，是农业经济发展的必然趋势，也是调整农业产业结构，提升农业科技水平，增强农业经济效益的必由之路。农业科教观光园在推动农业现代化建设的同时，为市民提供新鲜、优质的农副产品，为城市提供良好的绿色环境和休闲空间。同时，为市民提供学习农业知识，接近自然，与动植物生命互动，使消费者愿意付费以享受田园乐趣，并为市区学童提供最方便、最有效的农业与自然的教育场所，让学生在体验农业生产过程与田园生活当中，学习尊重生命与自然之间的和谐。

二、农业科技园区开发项目

全国最大的现代农业园区，北京首家国家级农业科技示范园——北京小汤山现代农业科技示范园于1998年底正式启动，于2002年1月18日正式开园。小汤山现代农业科技示范园地处燕山南麓平原地区，土地肥沃，交通便捷。园区位于亚运村以北

17 公里处，东邻首都国际机场 10 公里，西距八达岭高速公路 5 公里，六环路、京承高速路穿园而过。立汤路把亚运村、奥林匹克公园、小汤山农业园连成一线。农业园设施组群面积已达 60 万平方米，总投资超过 30 亿元，园区总体规划面积 111.6 平方公里，涉及小汤山、兴寿、崔村、百善四个镇 54 个行政村，8.1 万亩耕地，4.1 万人。这里水资源丰富，温榆河、葫芦河、蔺沟河等 8 条河流环绕其间，其中地热资源可开发面积达 100 平方公里。

（一）建园条件与环境评估

小汤山农业园是北京市第一个农业项目规划与小城镇建设规划相统一，由首都规划委员会批准的农业项目。小汤山镇是全国小城镇综合改革试点镇，小城镇建设与农业园建设融为一体，为推进农村现代化和农业现代化创造了条件。

小汤山现代农业科技示范园以科技展示现代农业的崭新观念，将建设成为首都农业率先基本实现现代化的展示窗口；现代高新农业科技成果转化的孵化器；北京现代农业科技示范中心；生态型安全食品的生产基地；国际农业先进信息、技术、品种的博览园。在人们的传统眼光里，农民即是"面朝黄土背朝天"，农业即是"老牛铁犁轻摇鞭"。而北京小汤山现代农业科技示范园的农民则是西服革履去上班，看着电脑种大田，成了地地道道的蓝领一族。

北京小汤山现代农业科技示范园充分发挥首都科技优势，转化推广国内外先进技术和科技成果；孵化和培育现代农业企业，促进农业产业化经营；构建农业科技优秀人才聚集地，为科技创新提供空间；以市场为导向，促进农业产业结构调整和农民增收。加快首都农业率先基本实现现代化的步伐。小汤山农业园的建设，受到了市委、市政府领导及社会各界关怀和支持，各级领导和专家多次到小汤山农业园视察工作、现场办公。1998 年，昌平区人民政府报请市政府批准，将小汤山农业园确定为北京市级农业科技园区；随后又被北京市政府、国家外国专家局等部门命名"北京市科普教育基地"、"引进国外智力成果推广示范基地"。2001年被国家科技部等6部委命名为北京市昌平区国家级农业科技示范园，是北京市唯一一家国家级农业科技示范园区。几年来，分别被北京市政府、国家外国专家局、国家旅游局等部门命名为"北京市科普教育基地"、"北京市爱国主义教育基地"、"引进国外智力成果推广示范基地"、"全国工农业旅游示范点"、"科学实验基地"、"北京市花园式单位"等。

随着人们生活水平的提高，"追求自然、向往绿色"已经成为一种生活时尚。绿色观光农业作为一种新的事物，散发的蓬勃生机已经悄然来到我们身边。小汤山农业园自建园以来，历经几载，已建设成为一个集旅游观光、农业考察、科普教育、温泉疗养、特色餐饮、种植采摘、安全蔬菜生产于一体的现代农业观光园。北京小汤山现代农业科技示范园建设目标是将其建设成为"环境优美、设施先进、技术领先、品种优新、高效开放"的首都北京精品现代农业的示范窗口。

（二）功能设计与特色风格

小汤山农业园经过几年建设，基础设施建设得到加强，投入水、电、路、通信、绿化美化的资金达1.5亿元。目前，已有国家级北方林木种苗示范基地、国家淡水鱼业工程技术研究中心、精准农业项目、台湾三益兰花基地，中垦三菱示范农场等50家现代农业高新技术企业入驻，形成了小汤山特菜、林木种苗、花卉、鸵鸟、高档淡水鱼、肉用乳羔羊等一批优势产业。整个园区规划为八区一园，即：设施农业示范区、花卉示范区、林木种苗示范区、水产养殖示范区、旅游度假区、乳羔羊生产示范区、籽种农业示范区、加工农业示范区、北京昌平国家农业科技园。小汤山现代农业科技示范园的建设受到了社会各界的广泛关注与支持，社会各界给予了园区许多荣誉。越南、韩国、日本、墨西哥等党政代表团参观考察科技园区。小汤山农业园自建园以来已累计接待各界人士 5.1 万人次。

北京小汤山现代农业科技示范园依据"科技示范、辐射带动、旅游观光"的总体功能定位，确定了把小汤山农业园建设成为首都农业率先基本实现现代化的展示窗口；现代新兴农业科技成果转化的孵化器；生态型安全食品的生产基地；园区依据现有企业的分布和未来发展方向，划分为七区一园，即以工厂化育苗为主的林木种苗区；以生产、推广、科研为主的设施农业区；以鲜切花基地和园林苗圃为主的花卉区；以鲟鱼孵化和罗非鱼生产为主的水产养殖区；以饲料、食品加工为主的加工农业区；以地热温泉娱乐健身为主的休闲度假区；以"盛世富民"为龙头的肉用乳羔羊示范区；以植物克隆、蔬菜育种、兰花种苗组培为主的籽种农业示范园。

小汤山农业科技示范园不仅满足着广大消费者对高档绿色食品的需求，还努力使园区日益成为满足人民精神需求的旅游休闲地。在农业观光已经成为市民旅游新时尚的今天，园区大力发展农业观光项目，完善旅游配套设施建设。在这如诗如画的美景中您不但可以了解到许多世界领先农业科技知识，还可以尽情地品尝到园区特有的蔬菜、水果、鸵鸟肉、温水鱼等一系列绿色安全食品，亲自体验到采摘的乐趣。

小汤山农业园以丰富的科技文化内涵，吸引游人纷至沓来。盛夏时节路两侧 3000 米的长廊上绿藤缠绕，2 米长的丝瓜、1 米长的蛇豆、形态各异的葫芦抬眼可见。1000 米的葡萄长廊下清新凉爽，香甜的美国红提，醉人的香妃等各色葡萄挂满枝头，引得人们驻足观望。占地 10 万平方米的现代化连栋智能温室，蝴蝶兰、仙客来、一品红、丽格海棠、长寿花及日本大花蕙兰等几十种名贵花卉一年四季竞相绽放。综合农业高新技术展示温室内绿意盎然，番茄树、立柱栽培、现代工厂化育苗生产线、蘑菇栽培新技术、灵芝盆景、榕树盆景更是令游人大开眼界、赞叹不已。养殖园内丹顶鹤、猕猴、蓝孔雀、山野猪等珍禽异兽，让人们体验到人与自然的和谐。

园区运用领先的科技优势，打破了旅游业淡、旺季之分，这里四季花常开、菜常绿、果常鲜。这里拥有萌动的春天、繁茂的夏天、丰收的秋天、鲜艳的冬天。步入小汤山农业园，给人的第一感觉便是清新自然，放眼望去随处可见的绿色让人赏心悦目。2500 米的绿色长廊下，繁茂的藤叶间，缀满累累果实，让人流连忘返。个大香甜的葡萄，晶莹剔透，令人馋涎欲滴；倭瓜、蛇豆、葫芦、瓠子……形态各异，长势喜人。收获季节您不仅可以驻足欣赏，还可以亲自体验采摘的乐趣，感受葡萄的香甜。

台湾三益兰花温室，培育有上百种蝴蝶兰及卡特兰、文馨兰、兜兰等亚热带兰花，拥有 3000 平方米的组培车间，其年生产瓶苗可达 1000 万株，堪称亚洲第一组培室。这里可以使您了解兰花的培育过程，观看到培养基填充室、培养基储存室以及工人的实地无菌操作，让您亲身感受到高科技应用于农业的无穷魅力。在其他花卉温室，您可以观赏到高档兰花——大花蕙兰，铁线蕨、肾蕨等多种蕨类，以及非洲紫罗兰、竹芋等花卉植物。

"庭前芍药妖无格，池上芙蕖净少情。唯有牡丹真国色，花开时节动京城。"每到 5 月，占地 10 亩的百种万株牡丹园内，各色牡丹竞相开放。可以使您足不出京，便可以欣赏到洛阳甲天下的牡丹。从福建漳州移植的 1500 余株榕树盆景，枝叶繁茂、千姿百态。尤其是几株百年以上的榕树盆景更是形态各异，有的如仙女飞天，有的如策马奔腾……

占地 3300 平方米的高新品种展示温室内利用电脑技术有效地控制温度和湿度，通过立柱式栽培、墙体栽培、管道式栽培等多种栽培方式，采用岩棉、泥炭等基质种植了多种特色果蔬，如紫背天葵、番杏、叶甜菜、人参果、巨型南瓜等。其中最吸引人们目光的是几株水培番茄，每株可结果 10000～12000 个，单果重达 250 克左右，既具有很高的观赏价值及科技含量，也是餐桌上的佳品。尤其是在冬季，园区充分利用小汤山独特的地热资源，既保证了温室内的温度能够保持不变，同时又节省了能源，减少了对环境的污染，使每一位来园的游客在感受温暖的同时能呼吸到清新的空气，看到蔚蓝的天空。

不仅如此，园区还努力打破地域的局限，兴建了集观赏与休憩于一体的园林植物园，从南方引进的各种植物长势良好，真正实现了"南树北栽、南花北开"。与河南洛阳天甲牡丹有限公司合作，从河南洛阳引进了包括姚黄、魏紫、欧家碧等多种名贵珍稀牡丹品种，在园区建成了"百种万株"牡丹园，使北京人不必远行，就可以看到洛阳的牡丹。

（三）经营管理与促销方法

浑然天成的小汤山山水盆景艺术馆有山水盆景，奇峰峭壁、潺潺流水、高山飞瀑、层峦叠翠——步入山水盆景展示厅内，让人恍若置身于名山大川、广袤无垠的大自然中，一盆盆精美绝伦的山水盆景活灵活现地展现在游客面前，她像一首无声的诗，她像一幅立体的画，令你神往，令人赞叹。

如果说山水盆景的美是奇丽，是深邃，那么特种养殖园内动物的美则是亲切，是可爱。这里有顽皮的猕猴、高傲的孔雀、美丽的梅花鹿、温顺的小矮马……随时欢迎着每一位游人的到来。到时，您不但可以零距离与它们接触，还可以亲手给它们喂食，享受人与自然的和谐。

武夷茶庄也落户小汤山农业园，在此您可以购买大红袍、老君眉、铁观音等高档茶叶，并边品茶边欣赏茶艺表演。

参观之余，来到小汤山农业园楼顶餐厅，尽情品尝园区特有的蔬菜、鸵鸟肉、温水鱼等一系列绿色安全食品，欣赏满园绿色与蔚蓝天空相交融的美好景色，让人感到无限的安宁与惬意。

在充实观光项目的同时，园区加大了旅游配套设施的建设。

可同时容纳 200 人就餐、住宿、开会及温泉洗浴的综合设施已建成。18000 平方米的绿色生态餐厅，可让您在大自然的怀抱中尽享美味。热带植物温室长 126 米，宽 63 米，高 20 米，占地面积达 8000 平方米，从南方引进的热带高大乔木和濒临灭绝的树木，让身处其中的您好似进入了热带雨林之中。而已落成投入使用的摄影棚更是气势宏大，棚长 196 米，宽 82 米，最高处高达 28 米，占地 15000 多平方米，为不少影视摄制组提供了一个好的拍摄场所。

为了满足不同游客的需求，小汤山农业园又与周边景点合作开辟了多条一日游、二日游路线。目前，小汤山农业园与周边龙脉温泉、银山塔林、十三陵景区、居庸关旅游风景区、航空博物馆交相辉映，形成了一条亮丽的风景线，吸引着四海的朋友、八方的游人。

小汤山农业园运用领先的科技优势，将自身打造成为一个环境幽雅、空气清新、四季花开、瓜果飘香、融自然风光与现代农业于一体的高科技农业园区。"科技创新，追求自然，向往绿色"是小汤山农业园的经营理念。小汤山农业园以其独特的人文景观、丰富的科技文化内涵吸引着众多的海内外游客。

（四）引申服务项目与其他

小汤山农业园经过三年的建设和实践，指导思想和目标更加明确。小汤山农业园建设的指导思想是：充分发挥首都科技优势，转化推广国内外先进技术和科技成果；孵化和培育现代农业企业，促进农业产业化经营；构建农业科技优秀人才基地，为科技创新提供空间；以市场为导向，促进农业产业结构调整和农民增收。加快首都农业率先基本实现现代化的步伐。

按照小汤山农业园总体规划和"科技示范，辐射带动"的功能定位，以"环境优美，设施先进，技术领先，品种优新，高效开放"的总体目标，确定了将小汤山农业园建成首都农业率先基本实现现代化的展示窗口；现代高新农业科技成果转化的孵化器；北京现代农业科技示范及农业学术交流中心；绿色安全食品生产的基地；国际农业先进技术、品种及现代管理的博览园。

按照北京市委、市政府及中央有关部、委的要求，通过多年的实践，小汤山农业园探索出了一种动作模式，概括为"政府搭台、企业运作、中介参与、农民受益"。这种运作模式，有利于把各自的优势发挥出来，把各自的积极性调动起来，把各自的利益统一起来，形成合力，确保小汤山农业园保持良好的发展态势。

1. 政府导向

一是环境导向。园区共投资 1.5 亿元，修建了园区道路 22.6公里；完成了 20 公里的水环境治理，建成了日供水能力 3 万吨的供水厂和日处理 4500 吨的污水处理厂；小汤山农业园新增地热井 16 眼；园区林木覆盖率近 50%。二是政府导向。区政府制定了关于加快小汤山农业园发展的土地、人才、户籍、财政支持等 10 条优惠政策，为园区建设提供了坚实的政策基础。通过政策导向和对外招商引资，2001 年小汤山农业园新入园企业超过 20 家。

2. 企业运作

小汤山农业园注重体制、机制创新，一批国家级大型企业、民营企业入驻园区，已形成国有企业、合资企业、上市公司、民营企业及台资企业等投资主体多元化格局，特别是民营企业总数达到入园企业总数的 2/3。

依据"产、学、研"的发展思路，小汤山农业园积极创造条件，为科研人才提供公用、共用的农业科研设施、设备，吸引高科技人才从事研究和成果转化，新建 5000 平方米的综合展示中心，新建组培室近 1 万平方米。目前，小汤山农业园初步形成了4 个中心，即：展示中心、信息交流中心、农产品配送中心、劳动力就业中心。

3. 中介参与

为吸引更多的投资者到小汤山农业园投资建设，把小汤山农业园的产品推向市场，对引进入园企业作出贡献的中介机构和个人，一次性给予 1 万～10 万元奖励；对引进重大项目贡献突出的中介单位和个人给予重奖，参与中介服务的单位和个人明显增加。

4. 农民受益

小汤山农业园的企业有个突出的特征，那就是企业本身既是奖金密集型，又是技术密集型，同时它又是劳动密集型。这为提高农民素质，提供就业空间创造了条件。

目前，小汤山农业园的产业特征体现为生态、种业、精品。并带动了周边 3700 多个农户，园区就业人员已超过 1 万人，农民人均纯收入高于全区平均水平的 30％。

第四章 农村名人故里与历史遗迹文化资源

第一节 农村名人故里与历史遗迹

一、农村名人故里

名人故里一般是对历史有影响的名人生活过的场所。农村名人故里是指名人生活过的场所在农村。现在各地农村都开始从第一产业和第二产业向第三产业挺进的第二次创业，旅游观光业也成了各地农村积极发展的第三产业，而农村中如果曾经出过名人则给村子中的旅游观光业提供了一个很有发展潜力的项目，这就是所谓的名人效应。通过对名人故居的规划，可以将其发展成为农村休闲观光产业的基础。近年来许多农村地区开始依托名人故居开发旅游项目，产生了不错的经济效益。

二、历史遗迹

历史遗迹是古代人类通过各种活动遗留下来的痕迹。包括遗址、墓葬、灰坑、岩画、窖藏及游牧民族所遗留下的活动痕迹等。其中历史遗址又可细分为城堡废墟、宫殿址、村址、居址、作坊址、寺庙址等；还包括当时的一些经济性的建筑遗存，如山地矿穴、采石坑、窑穴、仓库、水渠、水井、窑址等；防卫性的设施如壕沟、栅栏、围墙、边塞烽燧、长城、界壕及屯戍遗存等也属此类。

由于地域、时代及民族的不同，历史遗迹的面貌也各不一样，都显示着地区、时代及民族的各自的独特风俗、风格。一般地说，历史遗迹是经过人类有意识加工的，因而能够反映当时人类的活动。通过各种历史遗迹及遗物的综合研究，对于了解古代社会的发展史有很大帮助。

农村历史遗迹是指遗址在农村中的遗迹，通过对农村历史遗迹的开发，可以为农村的观光旅游、餐饮服务等第三产业提供可观的效益。

第二节　名人故里文化与项目开发原则

一、名人故里开发的重要意义

旅游经济是一种最具发展潜力且最理想的特色经济。我国"十一五"纲要提出："促进旅游业成为新的经济增长点。"凡是具有旅游资源优势的地区，都视旅游业为新的经济增长点，希望凭借旅游业具有的物资消耗少、劳动力使用多、经济关联度高的特点，推动产业结构的调整，促进经济健康高速向前发展。该产业看重的是，旅游资源不但可以无限地利用，而且可以创造，发展旅游业无须一味地以消耗自然资源来换取经济的发展，可以通过创造人文景观来提升旅游资源价值，实现可持续发展。

作为中华历史名人，他的思想及对历史的影响都值得后人去探讨、学习、借鉴，这是发展农村名人故居旅游的现实基础。在此基础上，发挥名人效应，以旅游业作为切入点，以最大限度地提高故居的知名度，进而推动当地农村产业结构调整，实现农村跨越式发展，它同时作为对外开放的窗口，将有力地推动农村经济的发展。

二、名人故里型景区的共性和分类

名人故里型景区有一些显著的共性，如景区知名度与名人知名度的关联，名人所具有的特定的历史局限性，景区景观氛围受社区现状的高度影响，景区产权关系的复杂性，景区相对有限的客容量，名人文化的符号化和公众文化性，名人荟萃现象，名人文化与其他旅游资源的相互依存性等等。

依据这些特点，名人故里型景区可从三大标准来进行分类，一是按名人所享名的社会领域，有政治、军事类，蒋氏故里就基本上属于这一类，有科学、文化类，有宗教、神话类等。二是按年代划分，如远古、古代、近现代和当代等。三是按名人的知名度等级划分，有地方、区域、国家、民族、世界等各个级别。若把三大标准分别设定为 X 轴、Y 轴和 Z 轴，建立一个坐标系，把所有要考察的名人放置进去，就能对每个名人给出一个恰当、适度和科学的定位。

三、名人故里开发存在的问题

对名人故里进行投资建设，既可增加本地人的荣誉感，也可发展本地旅游事业，有的还可进行思想文化教育，成为爱国主义教育的基地。然而，目前我国农村名人故里开发仍存在着一些不可忽视的问题。名人故里游作为文化气息浓厚的旅游产品，所面向的消费者大多具有较高文化素养，因此走精品之路，提高产品的文化品位已经成为开发该项产品的重中之重。据调查，目前中国名人故里游的开发主要面临两大难题：一是开发商过于急功近利，开发出的旅游产品商业气息过浓，而文化气息较淡；二是名人故里游作为高品位的旅游产品，相对于自然风光游、生态游等产品，大多"叫好不叫座"，这也成为许多旅游投资商不敢涉足名人故里游产品开发的重要原因。

四、名人故里开发的基本原则

一般的，农村名人故里开发应遵循以下几条原则：

（1）文物保护、旅游开发与农业产业结构调整三结合。

（2）发展"谐趣农家乐"旅游，抢占农家乐旅游制高点。

（3）以知识型家庭、大学生为目标顾客。

（4）以珍稀种养业为基础，以历史为依托。

（5）以幽默手法重现农村景况。

（6）建立"当代农民博览馆"标志性工程，展示当代农民风采与农村奇闻趣事。

（7）争取与一处较大的自然景观相联结，保持发展后续性。

（8）重点突出知识性、艺术性和趣味性。

（9）采取"以建促销"营销策略，减少投资风险。

具体地说，在开发农村名人故里时还应注意以下几点：

（1）开发的基本条件应首重国民对名人的认知程度。不能光凭嘴上说是名人就是名人，也不应过于突出名人的地方性，而应广泛宣传，扩大对名人认知群体的范围。

（2）名人故里的开发应同时重视名人埋葬地开发。可将名人的出生地和埋葬地两者对应开发，使之相互呼应，形成系统化的旅游产品。

（3）名人故里的开发应讲究朴实及优雅性，不宜夸张宣传，应尽力追求历史的真实性，减少争议性较高的内容。名人故里主要是供人凭吊的地方，不宜太过豪华、花哨和喧哗，避免现代化的设施和建设，更应远离卖场；名人故里是历史的遗物，对名人的评价也是因人而异，因时而变，不能在旅游开发中对名人做出不真实的报道，亦不能做过大的报道，这些都不利于对名人故里的旅游开发，在宣传上要讲求技巧，不要影响客人的心理。

（4）针对名人的生活习惯喜好，进行故里以外的资源开发，如钓鱼、跑马、射箭等。不应只对名人故里的建筑物进行展示型的开发，而应了解名人的喜好和生活习惯，并应用这些软件性的东西增加名人故里的活性化。将名人故里周边的资源进行同步开发，减少名人故里的单调性，增加开发的价值和可看性。也可以名人用过、吃过的事物为原型制造相似的旅游商品供游客购买，增加游客对名人故里的兴趣和印象。

五、名人故里开发的几点策略

（一）把握资源优势

把握资源优势是发展旅游业的前提。农村名人故居游能否在旅游市场上占有一席之地，既不取决于它是否是国家重点文物保护单位，也同它所处的地理位置无直接的因果关系，明确故居的真正内涵及外延是开发能否成功的关键。

虽然名人的故居是传统的，但名人故里的旅游开发是现代的。发展名人故里旅游，应该千方百计保护名人故居，并挖掘名人故里和故居的文化教育功能、历史教育功能。名人故里博物馆一般包括人物博物馆、事件博物馆和综合博物馆。不管是何种博物馆，通常包含故里、故居、旧居、旧址、遗迹、宗庙、祠堂等等。作为以博物馆为载体的名人故里，首先，必须有以文物为重点的文化遗存；其次，管理者必须举办陈列展览；同时还要开展宣传教育。以实现名人故里博物馆"以物说话，传播知识"的基本功能，吸引更多游客。

（二）实行市场导向

发展名人故里旅游要以市场为落脚点，为此，首先要树立市场导向，要打破一些行政体制带来的桎梏。其次要模式到位，回答"名人故里到底在卖什么"？其卖点应该是名人的精神，而不是简单的名人的影响。此外，发展名人故里旅游应突破传统的纪念馆模式，通过培育产业链条和产业体系研究更多广受市场欢迎的旅游形式。

当前名人故里发展面临几大问题：市场开发启动难问题，故居泛滥化问题，文化抽象化的问题。目前，三皇五帝、重要历史伟人、风尚人物、传奇人物、财富人物、名人集中区域六种类型的名人故里在未来旅游发展中引领时尚。新的历史形势给名人故里旅游联盟赋予了新的内涵，它应该是一个共同打造主题板块，共同构建研究网络，共同建设营销网络的联合体。

名人故里的开发思路可按故居－故里－故事来进行。目前不少地区仅在故居上做文章，这是远远不够的，而且也很难为市场所认同。名人故里旅游发展的核心是：故居为原点，故里为主题，故事为产业链，尤其应注重在产业链上延伸。

（三）打造旅游品牌

品牌就是号召力，实施品牌战略是旅游开发的重点。旅游发展的经验告诉我们，没有自己的品牌，旅游业就不可能做强、做大，因此，故居旅游开发需要自己的品牌，绝不能作附庸。如何让更多的人来参观名人故里。首先就是创新理念做亮名人故里，形成独具一格的品牌。尊重历史和与时俱进并举，社会效益与经济效益并举，使名人故事在深厚的历史沉淀中发挥出新的历史光辉。其次要立足市场，作响名人故里，形成有吸引力的旅游产品。名人故里应该深入了解公众的需要，策划自己的品牌形象，让人们能够牢牢记住名人故里。

故居若以高水平的形象推向市场，它就具备了足够的市场号召力，并且有先声夺人之势与领先后来竞争两大特征。如此，故居才可望后来居上，抢占旅游市场制高点。此外，我国很多名人，尤其是当代、近现代史上的很多名人，他们在工作、生活上常有联系，名人故里游的开发还可挖掘名人之间曾有联系的典故，来做大联盟文章。名人景区之间的联盟，可通过门票一卡通，互派导游、旅游纪念品开发等方式，来提升景区的管理水平和文化内涵。

（四）以农家乐作为切入点

在故居没有形成知名品牌之前，由于资金与交通的制约，所有大规模的投资计划都是不切实际的。寻找投资少、见效快、有利于品牌培育的切入点是旅游开发能否成功的关键所在。选择

"农家乐"作为切入点，是一种比较好的方式，可以填补旅游市场的空白。

在各主要名人故里处可安排游人参观当地乡镇企业、生态农业以及舂米石臼、手工编织蓑衣、脚踏水车等古老农具，在鱼池垂钓，访问农户果园，参加挖竹笋、竹编、采茶、加工茶叶等，到农户家中品尝日常菜肴，如有兴趣可在农家住宿，晚上与主人聊天、联欢，这样既欣赏了田园风光，又亲身体验了农村的生活情趣，其乐无穷。

（五）实施人才带动战略

创新是故居旅游开发的唯一出路。优秀旅游创意、策划、管理人才，能以其敏锐的洞察力及独有的综合判断能力，化腐朽为神奇，从现实基础出发，充分挖掘旅游资源的内涵与价值，创造性地整合一批既符合故居游的资源特征，又符合旅游市场发展需求的新产品，从而使故居资源无论是量还是质都得到飞跃。引进与利用这类人才，以人才带动战略向资本市场要资金，向旅游新产品开发要优势资源，向政策要效益，这是启动故居旅游开发最基本的条件。寻求外部智力的支持，必须有内部智力作为支撑，否则容易落入好大喜功，贪大求全的陷阱，这是实施人才带动战略必须加以避免的。

（六）创新融资思路

旅游产业是一种朝阳产业，旅游投资热已席卷全国。在此大背景下，一般故居游难以吸引投资，因此应认真总结，力求在思路上有所突破。比如，以故居的旅游开发经营权换取建设资金。在全国范围内公开拍卖故居的旅游开发经营权，以换取急需的故居修复建设投资。拍卖能否成功不在于该点子本身，而是取决于拿出什么水准的旅游开发权威规划并给投资者以信心的政策保障措施。又如，具体操作上，可以先以特色小项目切入，待故居的品牌打响后，再来完善基础设施建设与投资建设大项目，千万别妄想一口吃成大胖子。先树知名度，再以其知名影响力吸引投资，这既是故居旅游开发的现实选择，也是一种融资策略。

（七）完善基础设施

对旅游资源相对集中、市场影响力较大、发展基础较好的项目，要优先规划和发展，形成以点带面的发展格局，同时要加强旅游功能配套、完善接待设施、努力打造旅游经典产品。以建促销改善基础条件。所谓以建促销，就是巧借具体的旅游资源建设项目使其在建设过程中产生良好的促销效果的一石二鸟促销策略。该策略应用在基础设施建设上就是通过策划师的设计，赋予基础设施新的内涵，使基础设施项目更具开发价值，从而使基础设施更具投资吸引力。

由于故居旅游基础设施建设，具有白纸上好画图的后发优势，我们应该利用这种后发优势力求将每一条路，每一个饭店、宾馆都作为一个旅游景点来建设，这样积少成多，就能产生从量到质的飞跃。如此，以建促销策略能有效地弥补基础设施建设滞后之不足，甚至可以视常规思维下的劣势为新优势。

第三节　历史遗迹文化与项目开发原则

一、农村历史遗迹旅游开发存在的问题

历史遗迹开发是旅游业中的热点，历史遗迹的旅游业给许多农村剩余劳动力创造了就业机会，还给无数的旅游者提供了娱乐、快乐和休闲。然而，对历史遗迹旅游业的过度开发也产生了一定的负面影响。它破坏和污染了遗迹地独特而原始的环境，对当地的文明构成了威胁，而且降低了遗迹地之所以成为令人向往的旅游地所具有的特色。

当前，我国农村历史遗迹开发面临的主要问题有：

（一）空间开发错位

空间开发错位是指在历史遗迹不适当的位置和区域进行旅游设施的建设、组织旅游活动等。我国的很多历史遗迹都存在错位开发现象。不少风景区的核心景区内宾馆饭店、培训中心、乡村摊点索道、旅游列车、娱乐城等"人造景观"一应俱全。历史遗迹不同于其他的资源，它的首要功能不是开发旅游活动，而是保存、展出和传承。所以在旅游开发中就要选择适当的时机和适当的地点进行建设，尤其是索道、住宿、娱乐场所这类商业设施的选址要尽量避开生态和文化脆弱区。这些珍宝何以能代代相传也在于它的不断发展。人们在开发和利用它的时候，一定要统一认识，即对这些遗迹的开发和利用要以不破坏其原真性和完整性为唯一和最基本的前提。

（二）人工建筑过多景观外貌破坏严重

旅游开发在世界各地的遗迹中并不少见，也不是构成历史遗迹的首要破坏因素。但是在我国，对遗迹旅游的开发却成了我国历史遗迹的最大威胁。一些自然遗迹地在核心区内的精华地段大兴土木，在山顶建筑体量大、耗能大、服务人员多、污染大的星级豪华宾馆、饭店、商店等，在坡度很大的山腰溪谷间建水库、修蓄水池、开崖凿壁、垒坝蓄水破坏水系，对生态、花岗岩体造成有史以来最严重的破坏。

（三）"轻保护、少维护"现象严重

历史遗迹景点最重要的是要保护遗迹的真实性和完整性。旅游活动的开展可以促进遗迹文化的传播、促进遗迹保护意识的提升，所以遗迹旅游是可行的。但是保护和维护遗迹的可持续发展的初衷是不能改变的。目前很多遗迹地在收益的使用上出现了本末倒置的现象，即用于开发新项目多、建旅游设施多，甚至用于

地方财政，而用于保护和维护遗迹的比例相对较少。"皮之不存毛将焉附"，长此以往对遗迹地的可持续发展极为不利。有的应急措施也是出自于"被动保护"的结果。

二、农村历史遗迹旅游开发的原则和模式

（一）开发原则

综观国内外先进经验和开发启示，农村历史遗迹旅游开发应遵循下列原则：

（1）保护历史遗迹的原真性、完整性原则。

（2）社区参与、当地村民受益原则。

（3）严格规划逐步开发原则。

（4）旅游审美与遗迹保护教育相结合的原则。

（5）依法开发的原则。

（二）开发模式

1. "轮休型"开发

这种模式最初应用于农业中对耕地的使用即每年让一定比例耕地"休息"，以此保持土壤的肥力保证农作物的产量。这种方法同样可以应用到历史遗迹开发中，即每年或每个旅游旺季开放一部分景区（点），让景区（点）轮流休息以缓解其保护压力更好地保护遗迹地。这一模式比较适用于占地面积较小、景点相对独立且生态或文化较脆弱的遗迹地。

2. 融合型开发

将物质遗产和非物质遗迹融合到一起进行开发是吸引游客的一种独特开发模式。这一模式多适用于世界文化遗迹。如在农村戏曲发源地举办票友会，并吸引游客参与其中，既提高了历史遗迹地旅游产品的底蕴和内涵，又弘扬了博大精深的中华文化，还为游客的旅程增添了乐趣。

3. 分区开发

分区开发是将历史遗迹地划分成若干地区，界定每个地区的范围、界限和活动类型，在不同的地区进行不同方式和层次的开发、保护、利用和管理。如可以将遗迹地分为核心保护区、核心环境区、缓冲区和边缘区。这里各区域的界定与自然保护区相关概念不同。历史遗迹地内保存完好的自然景观、最具价值的景点集中分布地和保存完好的珍贵文物古迹应列入核心保护区。边缘区位于景区的最外围旅游设施可以相对集中旅游项目也可以丰富多样，辅之以小型主题公园、度假、购物等。这种模式比较适用于区域比较大、包含自然景观的遗迹地。

4. 景区与农村社区联动开发

这是一种保护性开发模式，就是把历史遗迹旅游与农村社区相结合，在农村社区开发出各具特色的文化体验活动区。旅游者在遗迹景区游览后，到农村社区的特色街区、特色文化体验区从事购物、娱乐、餐饮、参观等休闲活动或度假的旅游模式。

这种模式突破了"历史遗迹旅游就是游览历史遗迹景区"的传统旅游思维模式。它符合旅游发展的趋势，即由短时间内走马观花式的观光转向对目的地进行深层次了解。农村社区各具特色的休闲文化体验区域将为旅游者开辟深入了解目的地的窗口。社区休闲式的遗迹旅游还将从注重"个人感受、体验"到注重"人际交流"，通过旅游达到与遗迹地文化增进了解和相互交流的目的。这不是以往"区内游、区外住"、"沟内游、沟外住"模式的简单翻版，而是结合休闲观念的发展背景，让游客在领略历史遗迹精妙的同时，体验到休闲度假的惬意，一改往日遗迹旅游"白天看庙晚上睡觉"的尴尬，同时也避免了在历史遗迹周围摆摊设点等破坏遗迹环境的情况。随着人们休闲意识的提高，农村休闲旅游有着广阔的发展前景，开发遗迹地社区休闲旅游将成为实现历史遗迹保护和旅游发展双赢的有效途径。

5. 动态循环开发

这种遗产旅游开发模式由规划、开发、管理、监测四个环节组成，与传统旅游开发相比多出了"监测"环节，而这一环节正是沟通规划、建设与管理链条的关键所在。监测是根据国际公认的文物保护准则（《历史遗迹公约》第 29 条）对历史遗迹地的保护状况定期进行周到的专业检查、审议和评估，向历史遗迹委员会提出详尽的报告的一种制度，是实施《保护世界文化和自然遗迹公约》的重要手段。通过监测反馈的信息，充分认识旅游规划设计建设和管理中存在的旅游资源及环境的保护问题，再有针对性地落实在进一步的优化规划设计和管理中，把保护建立在监测提供的科学依据上。这种模式适用于所有类型的历史遗迹地。

三、农村历史遗迹游项目开发的几点策略

近几年来，历史遗迹以其独特的建筑风貌、丰富的历史文化遗迹、深厚的人文内涵以及特有的古朴环境氛围受到了人们的青睐，成为旅游市场中的一支新生力量，那些保存较完整、有一定地方特色的历史遗迹吸引着大批的旅游者前去观赏。但是，目前农村历史遗迹旅游仍以观光为主，游客往往是来了、看了、拍了照就离开，游憩项目的开发停留在浅层次，并且项目雷同。以江南六大古镇为例（周庄、同里、角直、南浔、西塘、乌镇），周庄、西塘、南浔、乌镇都推出了夜游古镇，周庄和西塘都有鸬鹚捕鱼的表演，同里、南浔都举办古镇婚典。这种雷同的、浅层次的开发，留不住游客的脚步，收入结构也比较简单。更为严重的是，这种开发对农村历史遗迹造成了城市化、公园化、商业化、现代化、工业化的负面影响。在"先策划，后规划"的指导思想下，怎样在保护资源的前提下深化历史遗迹游憩项目，延长游客的停留时间，促进历史遗迹旅游从观光型向度假型、生态型以及复合型发展，成为摆在历史遗迹旅游的开发者面前的首要课题。

（一）吃

开发外观打造＋餐饮内容＋服务方式＋娱乐项目。历史遗迹

周边餐馆的外观一定要与周边环境相协调，内部的装修、家具、餐具、餐单的设计要与遗迹的风貌相吻合。遗迹周边餐饮的类型主要包括本地特色餐饮、农家乐、主题餐饮、宴会餐饮，还可即时展示各地饮食的食材和烹制方法。

（二）住

历史遗迹的住宿设施主要包括现代宾馆和民居客栈两种。现代化宾馆可以为游客提供住宿、餐饮、娱乐的综合性设施和服务，但要根据"保护为主"的原则，不能在遗迹中拆除旧建筑、建造新的现代化宾馆，这些现代化宾馆应该安排在遗迹的周边地区。民居客栈的经营以当地村民为主，可以是自有房屋，也可以租赁集体公房，必须纳入相关部门的统一管理；各级文物保护单位改建客栈，必须通过文物保护部门的批准。

（三）行

历史遗迹的交通分为内部交通和外部交通。遗迹交通的设计可以采取步行街的模式，外部主要使用现代化交通工具，根据客流量合理设计停车场；内部则以游客步行和遗迹中传统交通工具为主。

（四）游

和其他人造旅游景点不同，历史遗迹的格局、景观都是经过长时间的生活积淀而成的，而不是专门为发展旅游建造的，刻意的游憩区域划分会破坏遗迹原有的风貌。因此不建议对遗迹进行游憩区域的划分，要保持原有的格局。

合理设计游客容量，不仅会对遗迹起到保护作用，还能保证游客获得高质量的旅游体验。旅游线路的设计要从顾客角度出发，实现体验最大化。

（五）购

采取"商店外观＋所售商品＋服务方式"的模式。近年来，我国各个旅游区的旅游纪念品出现了无精品、质量差、种类雷同的现象，农村历史遗迹游也不例外。历史遗迹要保持原生态，必须防止过分商业化。景区内的商店经营者要以本地村民为主，商店外观要与周围环境相协调；出售的商品要以本地土特产、特色手工艺品为主。

除了商店外观和所售商品，服务方式也能成为历史遗迹旅游的特色。现做现卖、让游客亲自制作，都可以加深游客的旅游体验，让他们真正融入农村生活，再现历史。

（六）娱

历史遗迹要留住游客的脚步，除了本身的资源独特，还应有完备的休闲娱乐设施。遗迹娱乐项目的开发可以借鉴其他旅游模式，打造以历史遗迹为主体，集食、住、行、游、购、娱为一体的主题乐园。

第四节　农村名人故居与历史遗迹开发模式与经营管理

一、毛泽东故居

韶山是伟大领袖毛泽东的故乡，这是一个历史悠久的地方，传说早在上古时期舜曾来过这里，而韶山名称的由来就与他有关。舜是一位部落联盟首领，尧把首领位置禅让给他后，他勤勉图治，深得民心。为开拓疆土，征服三苗，把中原文化传入苗地，以造福百姓，舜曾南巡，宿营韶山之际，命侍从奏乐起舞，欢快的乐音，引来周围林中的百鸟鸣唱应和，把百鸟之王凤凰也吸引来了，一时间漫山遍野仙乐飘飘，令人不知天上人间。后来人们把舜的侍从奏出的音乐称为"韶乐",把舜听音乐的地方称为韶山。"箫韶九成,凤凰来仪"便是说的这个典故。这个传说亦留下了许多景点,如引凤山、引凤亭、韶峰、凤仪亭、凤音桥等等。据考古文物发现证明,早在新石器时代的晚期(距今已有4000多年),韶山附近已有人类群体部落,并且华夏中原文明和当地的乡土文化已开始融会,开花结果。

历朝历代以来,韶山一直处于"世外桃源"的状态,幽静中浸杂着寂寞,默默无闻里又溢出平静祥和。至清末这种状态开始变化,那就是受曾国藩影响,一批韶山人参加了湘军,从而在韶山兴起一种尚武精神,这种尚武精神改变了韶山的民众心理,进而改变了韶山的社会状况。曾国藩是湖南湘乡人,距韶山仅20公里,他曾受教于岳麓书院,进士及第,先后出任过工部、刑部、吏部、兵部、礼部侍郎,他的《曾文正公家书》广为流传,影响颇大。曾国藩曾建湘军,留下了"无湘不成军"的说法。尚武精神也影响到了毛氏家族及毛泽东本人,"枪杆子里面出政权"这句话,当是一个印证。

毛泽东故居——上屋场是一栋普普通通的江南农舍,为"一担柴"式的房子,总建筑面积472.92平方米,占地566.5平方米。它坐南朝北,背山面水。屋前荷花塘和南岸塘相毗邻,绿水莹莹,风过处,荡起缕缕涟漪。放眼青山,背依翠竹,绿水、苍松和翠竹把这栋普通农舍映衬得生机盎然。

1893年12月26日毛泽东同志就诞生在这栋房子的东头。东头13间半瓦房,是毛泽东家的,西头5间半土砖茅房是邻居的。这栋普通农舍曾几经沧桑。它的修缮和扩建凝结着毛泽东的祖辈、父辈和他们兄弟的心血和汗水。从1878年毛泽东祖父定居时的5间半茅屋,经过前后三代人的艰苦创业,修修补补,其间遭火灾,遇抢劫,1918年才掀茅盖瓦,加修后院,扩建成13间半瓦房(内含杂屋,其中半间指两家合用的堂屋)。1929年4月,国民党反动派曾没收毛泽东在韶山的全部房屋和家产。于是,这栋房子和里面的家具，又遭到了严重破坏。1949年新中国成立后，人民政府进行过多次修葺，使之基本上保持了当年原貌。1950年，故居作为革命纪念地供国内游客参观。两年后又正式对外宾开放。1961年3月，国务院正式公布为全国第一批重点文物保护单位。"毛泽东同志故居"七个黑底镏金大字，是1983年4月2日时任中央军委主席的邓小平同志亲笔题写的。

因伟人遗迹颇多，韶山的旅游资源比较发达。来到韶山，不仅可以看到毛主席的故居与毛氏三祠，还可瞻仰前两年新落成的毛主席铜像，还有主席诗词碑林、韶山烈士陵园等。此外，韶山八景（韶峰耸翠、仙女茅庵、胭脂古井、塔岭晴霞、石屋清风、顿石成门、凤仪亭址、石壁流泉）也很著名，还有著名的滴水洞游览区，均是风景如画的好去处。

韶山市是一个很小的城市，仅有10余万人口，但是韶山的名气很大，因为这里是一代伟人的诞生地，是红太阳升起的地方。到韶山旅游热早于新中国诞生不久即已开始，据有关部门估算，自20世纪50年代初开始至今，已约有3300万名游客来过韶山游览、瞻仰伟人旧迹。浏览毛主席故居，可循伟人遗迹觅得伟人风采，浮想怀念，温润心灵。

二、刘少奇故里

刘少奇同志故居始建于1871年，是一栋土木结构的普通农家四合院，共有房屋21间半。1898年11月24日，刘少奇在这里出生，并度过了他的童年和青少年时代。1961年，时任国家主席的刘少奇回乡调查期间，在这里住了6天6夜。1988年元月，故居被国务院公布为全国重点文物保护单位。通过全面整修和科学复原，再现了20世纪初江南民居的典型风貌和刘少奇在这里生活和学习的部分场景。

刘少奇同志纪念馆是全国唯一完整、系统地介绍刘少奇生平业绩的纪念馆，于1988年11月24日开馆。建筑面积3200平方米，共有 8 个展厅，陈列面积 1000 平方米，共有文物展品 800 余件。陈列采用专题与生平相结合的方法，分为四个主题，大手笔反映少奇同志生平事迹，体现少奇同志在缔造新中国、建设有中国特色社会主义等方面的重要思想和主要贡献。

如今刘少奇故里抢抓"大力发展红色旅游"的良好机遇，全力打造全国红色旅游景区经典品牌，先后获得了首批"全国爱国主义教育示范基地"、"全国中小学爱国主义教育基地"、全国首批"AAAA 级旅游景区"等荣誉称号，并率先进入全国 30 条"红色旅游精品线路"和全国 100 家"红色旅游经典景区"，主动融入全国 12 个重点红色旅游区中的"革命摇篮、领袖故里"板块。还主动加盟韶山、联动长沙，共同打造"长沙－韶山－花明楼"红色旅游精品线路。为了创造优美的参观环境，该馆一方面重点保护和保持刘少奇故居的周边环境，恢复了 19 世纪末江南农村的原始风貌；另一方面坚持抓好园林绿化，景区绿化覆盖率现已达 90％以上，是名副其实的园林式景区。该馆虽地处湘中农村，但已成功推行并实施城市化管理。2003 年，该馆率先在湖南省同行业中引进并通过 ISO9001 质量管理和 ISO14001 环境管理两个国际标准管理体系，在此基础上全面推行"严密规划、严格管理"，使全体员工的工作规范化、高效化，全面推行优质服务，给观众营造了良好的参观氛围。自 1980 年刘少奇故居恢复对外开放以来，共接待来自 100 多个国家和地区的参观旅游者 1800 多万人次，近几年年均接待观众均突破 100 万人次，并呈逐年增长的趋势。党和国家主要领导人胡锦涛、江泽民、温家宝、曾庆红、李长春等都曾专程来馆参观。

三、蒲松龄故里开发"聊斋"文化 把《聊斋志异》变"活"

300 多年前，家境贫寒穷困潦倒的蒲松龄怎么也不会想到，300 多年后的今天，他的著作及其古宅能给蒲氏后人带来如潮的人流，他毕生未见的洋人也越洋过海，纷至沓来，凭吊古墓，寻访柳泉，瞻仰故居。蒲翁故里——山东省淄博市淄川区洪山镇蒲家庄因蒲松龄而闻名，聊斋文化因蒲氏后人开发而弘扬。

（一）让聊斋文化得以延续

竹青菊黄，柳绿丹艳。来到蒲家庄，就会感到这里景景相连，既有古香古色的仿明清建筑，又有江南水乡的现代园林。那渗透着历史文化的浓厚积淀，那妙笔生花的神来之作，让人们留连忘返，依依难舍。占地1000亩，耗资1.6亿元人民币的中国淄博聊斋城规模已经形成，以蒲松龄故居、蒲翁故里蒲家庄、《聊斋志异》故事为主线开发的新景，以新姿展现在世人面前。

蒲松龄艺术馆内，由山东艺术学院师生创作的《蒲松龄生平彩塑》，展示了从幼时顽童、求学著书到教书为生的蒲松龄的清贫一生。古老的柳泉边，当年蒲翁设茶摊听故事的茅草亭依稀可见。蒲松龄从教30余年的石隐园也异地迁至蒲家庄，奇异怪离的美石，潺潺流水的人工湖，碑亭廊榭中的艺术字画，竹林绿树间，仿佛有当年蒲松龄琅琅读书时的身影。

（二）把《聊斋志异》变"活"

为了让游客在蒲家庄能看到《聊斋志异》的影子，蒲家庄人以聊斋故事为主线，先后开发建设了狐仙园、聊斋宫、玄夜院、牡丹园等50多个景点，展现出《席方平》、《画皮》、《娇娜》、《罗刹海市》、《尸变》、《小翠》、《葛巾》等100多个聊斋故事。声、光、电的巧妙结合，使《聊斋志异》这部不朽名著变"活"了。

自2002年以来，这里每年举办国际聊斋文化旅游节，聊斋文化艺术品博览会、聊斋俚曲大奖赛、聊斋民间故事演讲大赛、聊斋民间艺术灯会等活动，使景区在变中求新，新中求特，年吸引游客达60万人次。容纳1.5万人的聊斋演艺广场，不同的演出活动，将民俗、乡情展现得淋漓尽致，别具风韵。置身其中的游客，仿佛在与蒲松龄共同漫游，欣赏他的杰作。

（三）重现悠扬《聊斋俚曲》

俚曲是流传在淄川一带的古老民间俗曲，距今已有300多年的历史。当年，蒲松龄据此挖掘整理出《迓迓油》、《叠断桥》、《银纽丝》、《玉娥郎》等15个曲牌，创作了《聊斋俚曲》。史学家称，《聊斋俚曲》可与《聊斋志异》相提并论，是蒲松龄的又一文化贡献。如今，《聊斋俚曲》被国务院公布为非物质文化遗产。

为了不让这一文化瑰宝失传，蒲家庄人投资150多万元人民币兴建了古色古香的聊斋俚曲茶座，成立了聊斋俚曲剧团。游客在品茗之际，欣赏那透着古朴纯真、悠扬动听的旋律，仿佛又回到了300多年前的诗情画意之中。民间艺人更是热情高涨，蒲氏后裔蒲先明整理出版了《聊斋俚曲集》，年逾八旬的吕佩琦、农家大嫂郭爱枝等众多爱好者也在街头巷尾以演唱俚曲为乐事。

如今，聊斋城已获得了国家AAAA级旅游景区、国家级重点文物保护单位荣誉称号，并跨入了江北民俗风情旅游胜地、山东省著名旅游景区、省级历史文化名村的行列。

四、皇城相府

皇城相府是康熙朝经筵讲官、文渊阁大学士、历任吏、户、刑、工四部尚书加三级、康熙大帝的老师、《康熙字典》总阅官、清代名相陈廷敬的府邸，位于山西省晋城市北留镇皇城村。

明清两代，陈氏家族一共出现了41位贡生，19位举人，并有9人中进士，6人入翰林，堪称为北方的文化巨族。康熙皇帝对陈廷敬有"房姚比雅韵，李杜并诗豪"的评价。乾隆皇帝亲书"德积一门九进士，恩荣三世六翰林"的楹联，对陈廷敬及陈氏家族予以褒奖。

全国政协委员、古建筑专家组组长罗哲文、国家历史文化名城保护委员会副主任郑孝燮、中国文物协会理事兼山西文物局总工程师柴泽俊称皇城相府规模宏大，保存完好，实属罕见，是集官宦府第、文人故居与地方民居为一体的明清建筑群，是中国清代北方第一文化巨族之宅。

人少地贫的皇城村人，也曾"以粮为纲"，靠天吃饭，全村坡地连在一起最大的地块不过一二亩，最窄的不足一米，终日耕种仍填不饱肚子。在改革中，这个村的党支部书记一段颇见深度的话，被视为皇城村发展道路的注解：虽然农民天生顶着一个"农"字，但绝不等同于必须从事农业，农民增收的思路不应局限于农业本身，根据市场需要。充分整合资源优势，皇城人增收不应放弃任何一个产业。于是，传说中300年前在清代朝廷做过大官的陈廷敬留下的大片破衰古堡进入他们的视线。陈廷敬在实施修建的宰相府无论整体布局还是细微处都彰显着陈家当时的显赫地位和财力，具有深厚历史文化底蕴，村里意识到了这里有商机，极具开发价值。面对在身边冷落了300年的皇城古堡上，皇城人开始了从第一产业和第二产业向第三产业全面挺进的第二次创业，相府修复工作大举实施。此举称为皇城村发展史上"背水一战的悲壮之举"，具有"凤凰涅槃般的新生意义"。

如今，皇城相府景区已成为国家AAAA级景区，游览面积达10万多平方米。其建筑依山就势，随形生变，层楼叠院，错落有致。御书楼金碧辉煌，河山楼雄奇险峻，中道庄巍峨壮观，斗筑居府院连绵，藏兵洞奇妙无穷，南书院曲径通幽，西花园风景别致，紫芸阡御碑林立。纵观相府景区，历史人文底蕴厚重，造型独特，气象万千。它不仅是一幅古代"自然山水画"更是一座具有强烈人文精神的东方古城堡，是央视大型历史连续剧《康熙王朝》、《契丹英后》的重要外景地。

第五章　农村民情民俗文化资源

第一节　农村民情民俗

我国人口众多，历史悠久，56 个民族中民俗内容极为丰富。这些民俗事象，不仅密切地伴随着历史的发展而生存、发展、消灭、演变，而且以其特有的光彩，反映着各个历史时期的社会生活、文化创造和人们的精神风貌。农村是我国最为基础的社会结构，8 亿农民构成了我国人口的最重要的组成部分。无论是以往还是当代，无论是汉族聚居地还是少数民族自治区，我国农村的民情民俗丰富而绚烂多彩，形成了中国非物质文化的一朵奇葩，同时也是现如今我国农村经济发展的一个重要的文化资源。

一、民俗的定义

所谓民俗，就是指民间风俗，是广大民众所创造和传承的文化现象。具体来说，就是民众在社会生活中世代传承，相沿成习的生活模式，是一个社会群体在语言、行为和心理上的集体习惯。民俗是历史长期积淀的产物，它既是人们心灵、情感、精神、思想等内在素质，同时也体现在由这些素质外化出的各种行为习惯和语言方式上，并且还包括了人们根据世代传承的技艺所进行的生产活动及其物质产品。由此可见，民俗是一个包罗万象、外延广阔、底蕴深厚的概念。

二、民俗的特征

民俗文化是民众的生活文化，它与民众所处的特定的自然、人文环境紧密相关。我国传统社会是以农耕生产为主业的社会，

因而围绕着农耕生活累积形成的民俗本身就具有一种大农业的特点。我国还是一个多民族国家，民俗具有独特的民族气质。我国农村民俗文化特征主要有以下表现。

（一）多元性与复合性

我国民俗因为民族文化的关系呈现出多元复合的性格特征。有史以来，我国就是一个多民族的国家，形成今天 56 个民族和睦共处的状态。在中华各民族的不断融合中，民族习俗被接纳到中华文化体系之中，但程度不一地保存着各自的民俗特性，从而丰富了我国的民俗文化。

我国民俗的多元特性不仅体现在各民族不同习俗上，还表现在不同历史阶段的民俗共存上。既有繁华的都市民俗，也有古朴的乡村民俗，还有部分地区不同程度地保持着原始的民俗生活形态。在统一的地域空间内共存着不同性质的民俗文化，体现了我国民俗的多元特性。

我国民俗的另一特性是复合性。中华文化一向以包容四方著称于世。自古及今民族文化的融合，首先是民俗层面的接纳，民俗文化入于细微处，却影响深远。如汉俗中复合了不少少数民族习俗，可以说从来就没有纯粹意义的汉俗，只有民俗复合时间的早晚而已。同样，现存的各少数民族也程度不一地受到汉俗影响。

（二）阶层性与地方性

阶层性，是就社会民俗的纵向分布而言。在我国传统社会中，处于社会中下层的广大民众，是民俗文化的主要创造者和承载者，因此民俗文化主要体现了他们的认识与思想要求，具有较强的民间性特点。不仅中下层社会相较于上层社会有着层位的差别，就是中下层社会内部亦有着民俗差异。农民与手工业者是物质财富的直接创造者，因此形成了淳朴、节俭、勤劳的民俗本色。而属于中层社会的商人与城市平民、达官贵人，他们拥有区别于社会中下层的生活方式，因此有着不同的生活习俗。当然，在传统社会中，各阶层之间仍然有着部分具有共同意义的习俗。

地方性，是就民俗的区位性特点而言。除了中华民族文化大传统之外，各个地方依自己的特殊生境形成了服务地方的文化小传统。乡民的生活文化具有明显的地方性，所谓"十里不同风，百里不同俗"，还有一种说法是"百里而异习，千里而殊俗"，这是较概略的区分。总之，民俗文化的发生、发展、演变是在一定地域空间下进行的，它受地理环境、人们谋生方式与历史传统的影响和制约，因此民俗文化显现出浓烈的地方特色。

（三）神秘性与实用性

神秘与实用是中国传统民俗的一大特性，这是就民俗事象本身性质来说的，在中国传统社会里，民众的实用目的，大多依靠神秘的民俗行为来促成，神秘性事象无论怎样复杂，目的也只有一个，即服务于人们的生活需要。

民俗的神秘性表现在民间传承着大量古老风习，"万物有灵"的原始观念依然浓烈，民俗事象大多蒙上了神秘色彩。

实用性是我国民俗最本质的特点，民俗服务于人们的生产与生活，人们依赖民俗开展生产，繁衍后代，寻求精神愉快。民众创造了民俗，民俗服务了民众。我国民俗的实用性，不仅仅表现在信仰心理方面，更重要的是许多民俗活动在民众实际生活中发挥着效用。

（四）稳定性与变异性

民俗文化因其传承的特殊性，在日常生活中人相袭，代相传，具有相对稳定的特性。但民俗作为一种基础文化，它在传承与传播过程中并非一成不变。相反，它随着时空的变化不断地发生变异，形成了与稳定性相联系的变异性特征。稳定性，是我国民俗性格突出表现之一。中国经历了几千年的农业社会，虽然发生了几十次大规模的王朝更迭的战争，但农业社会的基础并未动摇，几千年一以贯之的农业宗法社会性质没有发生大的改变，由此围绕着农耕社会所形成的大农业民俗得到相对稳定的传承。这种稳定性主要有以下体现：家族观念的稳定性，节俗传统的稳定性，以及人生仪礼习俗的稳定性。

民俗在传承中变异，在变异中传承。民俗的变异性从总的方面看，与历史性、地方性相关联，同类民俗在不同时代、不同地区都会有各自的特点。民俗的变异性还表现在横向的地域分布中。同一种民俗事象，在各地会出现不同形态，有的是因为发生的基础不同，有的是在传播过程中的变形。民俗的变异性，一般来说有三种情况：一种是民俗表现形式的变化；一种是民俗性质的变异；再一种是旧俗的消亡。

三、民俗的功能

（一）教化功能

个人生活历史首先是适应由他的社区代代相传下来的生活模式和标准。从一个人出生之时起，生于其中的风俗就在塑造着他的经验与行为。到能说话时，他就成了自己文化的小小创造物，而当他长大成人并能参加这种文化的活动时，其文化的习惯就是他的习惯，其文化的信仰就是他的信仰，其文化的不可能性亦就是他的不可能性。

人是文化的产物，民俗作为一种文化现象，在个人社会化的过程中占有决定性的地位。人一出生，就进入了民俗的规范：诞生礼为他拉开人生第一道帷幕；他从周围人群中习得自己的语言；在游戏中他模仿着成人生活；从称谓与交际礼节中逐渐了解人际关系；他按特定的婚姻习俗成家立业；直到死去，特定的丧葬民俗送他离开这个世界。人生活在民俗中，就像鱼生活在水中一样，须臾不可离开。

（二）规范功能

民俗的规范功能，指民俗对社会群体中每个成员的行为方式所具有的约束作用。人类社会生活需要的满足，往往有多种方式可供选择。例如吃饭，可用刀叉也可用筷子或手抓。民俗的作用，在于根据特定条件，将某种方式予以肯定和强化，使之成为一种群体或标准模式，从而使社会生活有规则地进行。

社会规范有多种形式，它们可以分为四个层面：第一层是法律；第二层是纪律；第三层是道德；第四层是民俗。其中，民俗是产生最早、约束面最广的一种深层行为规范。民俗是起源最早的一种社会规范。法律源于民俗。民俗是一种约束面最广的行为规范。在社会生活中，成文法所规定的行为准则只不过是必须强制执行的一小部分，而民俗却像一只看不见的手，无形之中支配着人们的所有行为。从吃穿住行到婚丧嫁娶，从社会交际到精神信仰，人们都在不自觉地遵从着民俗的指令。

在日常生活中，人们很难意识到民俗的规范力量，因此也就不会对其加以反抗。民俗对人的控制，是一种"软控"。但却是一种最有力的深层控制。

（三）维系功能

民俗的维系功能，指民俗统一群体的行为与思想，使社会生活保持稳定，使群体内所有成员保持向心力与凝聚力。民俗能维系社会稳定，任何一个社会都在不断变化，每一种文化都必须根据外部环境与内部情况的变化而不断地加以调整。在社会生活的世代交替中，民俗作为一种传承文化不断被后代复制，由此保持着社会的连续性。即使是在大规模的急剧社会变革中，与整个民俗体系相比，发生的变化总是局部的、渐变的，这就有效地防止了文化的断裂，维系社会生活的相对稳定。所以，民俗是人们认同自己所属集团的标志。

（四）调节功能

通过民俗活动中的娱乐、宣泄、补偿等方式，使人类社会生活和心理本能得到调剂的功能。民俗的娱乐功能显而易见。人类创造了文化，目的是为了享用它。人不可能日复一日、永无止境地劳作，必须在适当的时间进行适当的娱乐活动，休息体力，调剂精神。享受劳动成果，进行求偶、社交等活动。世界上没有哪个民族没有节日、游戏、文艺、体育的民俗，它们是人类生活的调节剂。

民俗也有宣泄的功能。在人类社会生活中，个体的生物本能在群体中必然受到一定程度的压抑。无论是肉体行为压抑，还是心理压抑，对人类来说都是一种破坏性的力量，如果不在某种程度上得到宣泄，一旦积郁起来集中爆发，其后果不堪设想。有的民俗就是应这种需要而产生的，如古希腊、古罗马的酒神节，人们在节日里饮酒狂欢，日常生活中的种种禁忌这时全被打破。

民俗还有补偿功能。人们在现实生活中难以得到满足的种种需求，往往在民俗中得到某种补偿。

第二节　农村民情民俗的类别

民俗是依附人民的生活、习惯、情感与信仰而产生的文化，是人们在社会发展和日常生活中长期沿袭下来的礼节、风尚、习俗、节庆、传统等文化的总和。而民俗又和民间信仰糅合在一起，通常以特定的民间信仰为基底发展而来。民俗是过去的，它竭力恪守着先民对生存环境的体验、对自然世界中万千气象的追索，守护着对原创者的记忆、对本土原型的忠诚。在中国历史上，几乎所有农村地区都曾经拥有过长久以来形成的民间习俗，如北方的秧歌旱船，南方的龙舟龙灯，以及普遍都有的灯会、庙会等等。每到特定的节日，当地的民众就会自发地、发自内心地、兴致盎然地组织、参与这些群体性的民俗活动。而通过集体遵从、反复演示和不断实行，民俗与民间信仰增强了人们彼此之间的文化认同，培育了社会的一致性。在我国农村地区每一个大大小小的村镇，都有世代传承下来的民间文化。这些民间文化有的在大范围流传的，也有的只局限于小区域，形成地方性知识。对于在一定范围内生活的农民来说，民间文化代表的文化传统融合了人们关于社会、生活、历史的基本认识，同时也是关于以村庄生活为轴心的社区记忆的重要部分；是维护乡村社会秩序的重要保证，也是个体人生意义、价值与伦理的重要源泉。

按照我国历史上通行的民俗事象几大方面，农村民俗可分为：巫术民俗、信仰民俗、服饰民俗、饮食民俗、居住民俗、建筑民俗、制度民俗、生产民俗、岁时节令民俗、人生仪礼民俗、文艺游艺民俗 11 个种类。

一、巫术民俗

按现代人的解释，巫术主要是指利用虚构的"超自然"的力量来实现某种愿望的法术。巫术是我国民俗中一个重要门类。自古以来，一直被传承着。巫术有仪式、咒语、符箓、法术等必不可少的因素，还经常地使用替代物（替神物、替鬼物、替人物）、避邪物、厌胜物、镇物、巫术用具（神衣、神鼓、神刀、神箭），有正巫、副巫、巫的禁忌、巫的活动场景、巫的师承与特殊生活等等。不管什么形式，不管用羊、鸡、草人，都出于对灵魂可以离于人体的认识，而且拟做的草人或命意的猪、羊、鸡等又都可代表要除的鬼祟或人。由于这种联系，便产生许多巫法，这就是我国常流行的巫术。它之荒诞，自然十分明显，但在过去，却长期为人们所崇信，造成种种愚昧和欺骗。因此，巫术信仰是民俗中最落后的部分。各地巫术，除专业（职业）巫师外，大量的采取多种方式进行，无一定的规程。但是，性质和心理却是一致的，其消极性很大。当然，在人们无力征服自然，消除病患、治服敌手的时候，巫术成为一种常用的手段是不足为奇的。

二、信仰民俗

信仰民俗具有信仰观念且有崇拜的心理。它分为原始信仰和后世信仰。原始信仰主要是自然崇拜、图腾崇拜和祖先崇拜；后世信仰主要有佛教、道教、城隍土地神、门神、灶神、财神、喜神、龙王、马王、药王、关帝、鲁班、海神、窑神及后来从国外传入的诸多信仰和习俗等。

信仰民俗属心理民俗，是以信仰为核心的反映在心理上的习俗。在崇拜中，出于敬仰，希求庇佑的占大多数，人们信仰它们，除了恐惧它们发怒会带来灾厄之外，更多的是希望通过崇拜，获得庇佑和帮助，得到美好的结果，或使已经得到的结果，不再被破坏。

三、服饰民俗

服饰民俗有实用价值，多为生活必需，但也有观赏、美化生活的作用。服饰民俗与人生仪礼密切有关，婚、冠、寿、丧除本身的礼仪风俗外，大多在服饰上有所表现。因此，观服可以知俗。衣服样式的变化，最能表现出时代的风尚。时代之简朴、奢靡、保守、开放及物质追求心理倾向，无不见于服饰。服饰民俗有历史的变革，也有民族间的影响与融合。

在服饰民俗中，除日常服饰外，还有特殊的服饰，即婚服与丧服。婚服为结婚的新人在喜庆佳期所穿的服装（主要是新娘的服装）；它服从于婚俗的要求，具有更广阔的民俗意义。丧服，一是服丧送葬人的服装；一是死者的寿衣。前者为孝服，后者为寿服。孝服有近亲、远亲及一般邻舍朋友之分，有重孝和轻孝之分：有帽衫俱全的全孝服，还有帽无衫的半孝服。孝帽，姑娘与媳妇也有不同，孝带的长短、挂左还是挂右，也有讲究。白布包鞋，有全包的，有后跟有一段红的，有只包鞋尖一段的。丧服中的五服，视亲族关系的远近而定。寿服也有男女长幼之分，北方无论死者死于暑夏还是严冬，寿服都是棉衣，以便使死者能在阴司过冬。一般在人生的两个重要时刻，都要里外换新，一是结婚，一是临终。穷者也要设法做到这一点。

四、饮食民俗

饮食民俗包括饮和食两个方面的习惯，它与岁时节日结合非常密切。饮食的民族性表现在各个民族不同的生活习惯上。岁时节日饮食最为丰富多彩，从年饭开始，直到次年年底，每遇岁时节日，必有特殊之食品，如春饼、元宵、粽子、月饼、雄黄酒、腊八粥等几乎成为全国通行的食品。再有寒食节的冷食，二月二吃猪头，尝新节之吃新谷，在除夕晚上多吃鱼等也是。在结婚喜庆中还有子孙饽饽、交杯酒、喜面等；寿宴上有寿桃、寿面、寿糕等。

围绕饮食发展了烹调工艺。土灶、陶灶、煤炉、煤气灶、炒锅、蒸锅和烤炉蒸笼、饼鏊、刀、砧、勺、瓢……各式炊具亦因饮食之不同而有变化。在饮食民俗里，还伴以各种饮食方法上的习惯，如用筷箸、刀叉或勺羹以至手扒、手抓等。有的习惯于吃碎肉，有的习惯吃整肉，西北有手抓饭，上海的糍饭（糯米饭中裹油条）也全用手攒。

五、居住民俗

居住民俗是人们物质生活方面的习俗。人类的居住形式是人类物质文化的反映。从原始时代的穴居野卧，到今天的高楼大厦，无不反映出民族文化发展进程，也无不有民俗习惯之表现。我国古代窨空式的房舍（如半地穴式，坑穴上有屋柱、屋顶）对

更原始的利用天然山洞之穴居来说是一大进步，它是人工结构房屋的开始，也是人类物质文明进程的开始。经过世代人民的创造，不仅有了正规的房屋，而且还有各种宫殿斋堂、楼轩馆厦以及亭阁榭廊等。而这些与建筑民俗又有着密切的联系。

我国各族人民居住习惯各有不同。有的民族长期没有定居。如过去蒙古族牧民就长期游动在广阔的大草原上，他们居住的蒙古毡包，以木杆为骨架，罩以羊毛毡顶，周围也是毛毡围墙，根据气候和牧场的变换随时搬迁。居住在大小兴安岭的鄂伦春人过去游动性也很大，他们住的帐幕式的仙人柱，就经常以马为运输工具搬动。仙人柱是用 10 根五六尺长的木杆搭成圆锥形的架子，上面盖上狍皮、芦苇帘、桦树皮等。三面住人，一面是门，当中有一火堆取暖，上面吊一带耳锅煮肉。屋顶开小孔流通空气。这些圆顶帐式房舍，可称为穹庐式，它是以游牧与狩猎经济为主的民族通常居住的形式。西北的哈萨克族、柯尔克孜族牧民也有类似的居住形式。柯尔克孜人称"勃孜吾"房舍，便是以红柳作栅栏的，呈方格形，围上芨芨草的帘子，再覆以毛毡，有天窗和活动毡盖。夏日移居平原沿河流域，冬日则迁到向阳的山谷。

南方竹楼，又是一种居住类型。黔东南苗族房屋，有平房和楼房两种。楼房多为吊脚楼，建筑在坡地上，楼下不住人，堆放杂物和牲口。壮族传统住房为高架式楼房，史称"麻栏"。麻栏建筑多用木桩或竹桩做成底架，离地面很高在底架上建筑住屋，楼上住人，楼下畜养牲畜、堆放杂物。

广西三江的侗寨也有楼房，全部木结构，有外廊式小楼，也有连幢的大楼，可供若干家共同居住。唯有瑶族的竹楼，乃楼下住人，楼上储粮食杂物，畜厩不在楼内，而在楼后。白族的楼房，以坐西朝东为正向，三间为普遍，布局平均为"三坊一照壁"、"四合五天井"，有院落，人居室和厨房、畜圈分开，人亦住楼下，中间一间为堂屋，接待客人。布朗族的竹楼十分简单，用竹片编成，茅草盖顶。楼上，中央设火塘，火塘边吃饭、待客，四周安置床位。傣家竹楼由 10 根柱子支撑，铺以楼板竹篾，用编织的草排盖顶，带有栏杆、走廊，美观别致。永宁纳西族的楼房为木质结构，三四幢组成一个院落，中央住人，二三幢客房为男女阿注偶居之所，第四幢是经堂，为念经、休息的处所。崩龙族矮脚竹楼分前厅后厅，以竹篱笆隔开，男人住前厅，女人住后厅，前后厅各有火塘。

平房居住形式又是一种类型，它最为通行，遍及各族，多为木石结构，以土墙、砖墙、泥墙为多，藏族多有石块砌成的碉房，平顶。蒙古族也有砖石结构的建筑。怒族则有木板房、竹篾房。普米族为木屋，屋顶盖木瓦，墙壁圆木重叠，垒成木墙，四角有大柱，中央有一方柱，称"擎天柱"。仡佬族住房一般有 3 间，有土筑、乱石筑等。此外还有三角形的千脚房，四檐落地的塌塌房等。汉族以住平房最为普遍，有平顶与人字斜顶之分，瓦有陶瓦、竹瓦、石瓦等。草顶房屋在农村最常见。一般 3 间，亦有 5 间者，一明两暗，中间为堂屋，东西屋设火炕，有地炉地灶。北方喜住有正房、厢房的四合院。一般有院墙角门等。

这些居住房屋因地制宜，与人们的生产方式、生活特点密切结合。修建时就地取材，产竹的用竹，产木的用木，产石的用石，平原地区以土坯或砖为材料，注重实用，布局安排各有习惯方式。北方汉族室内以锅灶、火炕为主体，朝向一般主房皆坐北朝南。南方水乡，房基多立于水中，墙下可通船，运送粮、柴、垃圾极为方便。北方平原则重视打地基，挖槽夯实，再砌砖石，屋架以坚木为之，有五檩、七檩、九檩之分，最少的也有三檩。然后加椽，前后出檐翘脊的，讲究五梁八柱。近代房顶常用油毡、石棉瓦、水泥瓦等软轻的材料。山墙有封山者，有不封山者，有斜脊、重檐、金顶等式。砌砖有立砌、平砌、顶横交错砌，一顺跑砌；有逢子墙，有磨砖缝的无缝墙。有四角边用砖中间用土坯、碎石"四角硬"建筑、墙面，北方以砖纹为美，南方多涂灰泥，北京尚黑墙，涂黑灰，庄严肃穆；南方有的地区，如广东等地尚白墙，涂白灰，洁净大方。旧式店铺作坊，多为邻街、敞门式。南方汉族一般灶头在后间后院，北方则进门先见灶头，然后才进入住室。南方睡床，双人床男女对向睡。北方睡炕，均并头睡，且头一律向炕沿，不能头朝里。北方的炕，还有连二炕，对面炕等。这些都是多年形成的传统居住习惯。这些住房无论样式规格、材料、格局和使用习惯都具有民俗特征。

与居住相对的是迁徙。游牧民族的迁徙是经常的。在迁徙中也有许多习俗和信仰。鄂伦春族在迁居搬动"仙人柱"时，要将"仙人柱"后面树干上安放神像的桦皮盒子先搬走，女人不能插手，然后再拆"仙人柱"。到达新地点后，先安置神位，然后再搭"仙人柱"。存神像的桦皮盒子依然要安置在"仙人柱"的后面。北方汉族过去搬迁，要选择吉日，要沿吉祥的路线走，家谱、祖先牌、灶王神龛等也要先行安置。所迁房子，如是死过人的旧宅，要先请阴阳术士打煞、贴符或加上镇物。按左青龙右白虎之说，最忌白虎，因此对西房特别加以注意。有的还向祖先焚香祭祷，禀告新宅住址，以便给家人降福等。这种迁徙的风俗，非常旧陋，近代已渐废忘。

六、建筑民俗

建筑民俗与居住民俗是相联系的。我国建筑在历史的发展过程中，逐渐形成了一个独特的建筑体系，无论在技术上还是艺术上都有很高的成就。它因地制宜，因材致用，具有各种风格特点。这些建筑，之所以有民俗特点，是因为它们在形式、规制、建筑方式、材料使用、组合配衬以及工艺、风格等方面均体现出我国习惯和风貌。但建筑民俗更主要的体现，还在于建筑进行中的许多民俗惯例，南北方都有许多讲究。南方的，如傣族建造房屋的情形，就很有特色。他们按照古老的传统风俗，先要选好吉地，然后犁耙碾平，放上石基，再开始立柱架梁。一幢房子的主要构件是中柱。选择中柱是一件严肃而隆重的事情。中柱从山上运进村寨，大家都要去迎接，并且泼水祝福。立柱时先立中柱，中柱一般是八根，分男柱女柱，男柱叫"绍岩"，女柱叫"绍南"。有的在立柱时还要给男柱女柱穿上男女不同的服装。房子盖好要举行"贺新房"仪式。人们蜂拥而来，喜气洋洋，像过节般热闹。这一方面是主人为感谢大家而设宴招待，同时也是亲友邻居对新房主人的恭贺祝福。贺新房时要请歌手来演唱，有传统的唱词，唱词儿几乎概括了整个建房的过程。其他少数民族在建屋时也有类似的活动。它生动反映出建筑住房过程中自始至终贯穿着民俗。在这里，选地、选材、选日、立柱、落成祝贺等每个环节都必不可少。其中互助与祝贺属民俗范畴，它表现出一家有事，大家相帮，一家有喜庆，大家祝贺的优良传统习惯。

七、制度民俗

制度民俗是指社会或家庭中明显的具有持久性的一套社会惯例，即一个社会中某些群体或阶级所承认、制定的行为准则。就家庭和个人方面的习俗讲，也有些具有制度民俗性质。如各种形式的婚姻制度、成丁冠礼制度、分家制度以及仪礼方面的许多惯例等，也都有制度性。如成丁冠礼有时很严格，要族长及全家族在场，要面向神牌，在神圣的火塘边进行。云南永宁纳西族，儿童满13岁，即谓成丁，要正式举行成丁礼的仪式。女的换上百褶裙，男的改穿短衣长裤。成丁礼后，即要从事一些主要的劳动生产，可以进行成人的社交活动。

八、生产民俗

生产民俗是用于各种物质生产方面的民俗。这类民俗伴随物质生产的进行，多方面地反映着人们对生产的民俗观念，在历史上对于保证生产的进行有一定的作用。我国生产民俗，方面比较广，大体可以分为狩猎生产、农耕生产、手工艺生产及其他杂项生产等，也有一些祭祀、崇拜、禁忌等民俗也与之结合在一起，呈现出复杂的状态。

九、岁时节令民俗

岁时节令民俗是紧密地伴随着人们的生产活动和社会历史的发展而不断形成和发展着的。其中有不少习俗，是与我国长期的农业社会紧密相系的。农业生产的季节及时节气，每年都周而复始地进行着，人们对它有着深刻的观察与感受。随着一年到头的气候变化，农作物的种植收获及人民生活、生产的需要，逐渐形成了一系列的民俗习惯。它们是人们关心生产，希望人寿年丰的愿望和心理反应，这些习俗，还关系到农时、种植、天文、气象、水利、作物保护、占候、卜丰、祈发展等一系列民俗现象。一般以春夏秋冬四时为序记述春俗、夏俗、秋俗、冬俗及一年之中的重要农时农节。

如傣族清明节后（四月十三至十五）的泼水节就很与众不同，共进行 3 天。第一天有堆沙浴佛活动，表示祈求丰收，不泼水。人们盛装集拢江边，看龙舟比赛，优胜者在芒锣和象脚鼓声中狂欢跳舞。第二天最为隆重，是泼水日，上午 10 时左右开始，男女老少，携盆桶上街，在路边舀水，互相泼洒，表示互相祝福，免除疾病，风调雨顺。晚间举行盛大游艺晚会。第三天是"高升"和"丢包"。"高升"如同北方的起花炮之类，点燃后飞入高空，不过它是许多竹筒装入火药，绑在一根长长的竹竿上，点燃后向高空飞升。"丢包"是男女青年的游艺恋爱活动，姑娘站一边，小伙子站一边，互相丢抛用花布缝制的大荷包，嬉笑传情。如苗族过年，主要有斗牛、踩芦笙、游方等活动，时间不固定，多在农历九月、十月间，有时也在十一月，要选择卯日或丑日进行。游方也是男女青年的社交活动，有吹木叶、对歌、谈情等等。又如彝族火把节为农历六月二十四，有时进行 3 天，以夜晚为盛。大家汇集村头，举行篝火晚会，手举火把，在村寨田野间游动。

这些民俗活动，也是重要的岁时节令习俗，它们以生动的生活情趣吸引着青年男女，比那些严肃的带有礼仪和宗教性的年节活动更活泼而有生气，并体现出各民族的特有生活内容和特点。

十、人生仪礼民俗

人生仪礼民俗贯穿于人们生活过程之始终，它的礼俗成分最浓，也有落后迷信的因素。但是，它在人们心目中的位置是重要的，对人们的影响也是较深的。在今天的广大农村，还可以看到它的影子。结婚礼仪从议婚、行聘、过庚、迎娶直到合卺，整套仪礼是最为完备，最为讲究的。祝寿过生日，也是我国农村民俗中一项礼俗。从出生时的诞生礼（童礼）以及 40 岁以上，以 10 为整数的庆贺活动，如 50、60、70、80 等。丧葬礼仪有多种表现，因民族不同而不同，如藏族有天葬、水葬、土葬、火葬、塔葬等，以天葬为最流行。葬俗为人生仪礼中最后一个程序，但人死了以后，宗祠祭祀便又接上。为清明之添坟扫墓，夏至、中元、除夕之祭礼，死者周年之祭礼等。

十一、文艺技艺民俗

文艺技艺民俗是富有活力的民俗活动。文艺民俗主要是世代相传的民间口承文艺。技艺民俗包括竞技、游艺、游戏、体育、工艺等方面的内容，它往往充分表现在民间游艺和各种会、市的表演上，民间春节期间举办的歌会、高跷会、小车会、龙灯、旱船、太平鼓、大头娃娃、哨子会、幡会、大鼓会、气功、杂耍和武术等等，都是民间艺术民俗的表现。部分农村地区的地方戏曲、歌舞等也是技艺民俗的重要表现。

第三节　农村民情民俗文化资源
开发模式与经营管理

一、湖南农村民俗资源的开发与利用

（一）湖南民俗资源

地方戏剧：湖南的地方戏主要分为大戏和民间小戏两种，共有 17 个剧种 5000 多个剧目。湘剧、祁剧、衡阳湘剧、武陵戏、辰河戏、荆河戏、巴陵戏、湘昆等，为湖南地方大戏中的特色剧种。民间小戏有花鼓戏、花灯戏、阳戏等，最有影响和流行较广的是花鼓戏、花灯戏。

节日习俗：湖南人尤其是临江的人们都比较讲究端午节。农历五月初五，是我国民间的传统节日——端午节，它是中华民族古老的传统节日之一。端午也称端午，端阳。此外，端午节还有许多别称，如午日节、重阳节、五月节、浴兰节、女儿节、天中节、地腊、诗人节、龙日等等。虽然名称不同，但总体上说，各地人民过节的习俗还是同多于异的。

端午节具有深厚的中华民族底蕴，尤其与湘文化相互交融相传，伟大爱国诗人屈原就是于端午这天在岳阳的汨罗江投江殉国的。每年端午，湖南城乡，尤其是岳阳、汨罗、长沙地区家家户户都习惯供帖子（在门壁上粘贴各种纪念诗作）、吃粽子来悼念屈原，悬钟馗像和张天师像，扎艾人、挂菖蒲剑以驱邪除魔，喝雄黄酒、戴香囊以驱百病。同时在屈子祠举行大型的祭龙仪式和龙舟竞赛。相传这一天又是药王菩萨生日，因此，不论是医生或一般群众都上山采药。

在湖南，一年有两个端午节，农历的五月初五是第一个端午，又叫小端午，是女儿回娘家送粽子，并和娘家人一块过端午。而农历的五月十五就是第二个端午，又叫大端午，是做母亲的给出嫁的女儿送粽子，一般是母亲一人去女儿家送粽子，不像小端午那么隆重。

五月初五来临的前两天，各家各户都是忙得不可开交，在端午节前就要准备好粽叶和棕叶，粽叶有点像竹叶，南方特有的植物。一般北方用芦苇叶包粽子，南方人用粽叶包的粽子格外的香，那是因为粽叶本身带有一种特有的香味，一旦被煮熟香气倍增。棕叶，顾名思义，就是棕树的叶子，是包粽子所需要的"专门绳子"。

接下来的程序自然就是准备好糯米，将其洗得干干净净，再在糯米里放进苏打和糖精（一般不加白糖），湖南人包粽子没有那么多花样，顶多再加点绿豆、花生、芝麻或者红枣等，几乎是不放肉的，这样包出来的粽子清淡又美味。其实有时候简单就是美，作料太多反而失去了原汁原味。

等粽子包好后，各家各户会在端午前一天下午就开始煮粽子，这一煮可不简单，通常是 12 小时，还要保证火候充足，这样出来的粽子才色香味俱全。

五月初五来临的时候，午时或晚上，用艾叶、山胡椒等烧水洗澡，谓之浴百草汤，可免暑天生痱子。屋内外撒上一些雄黄，并以纸条作十字架，书咒语云："五月五日午，天师骑艾虎，我今把草书，虫蚁归地府。"贴堂壁，避蛇蚁进屋。大多数地方外孙给外公外婆送礼节，女婿给岳父岳母送礼节，新婚尤厚。各家各户热闹非凡，其场面不亚于春节，每家每户也是大团圆，其乐融融。一家人的关系自然是密切了，就像那黏呼呼的粽子，粘连在一起，团结在一起，象征着巨大的亲情力量，感动着、保护着家庭里的每一个成员。

在以前湖南一些地区，每逢端午节来临，虽然要包很多粽子，但是这些粽子全不吃，而是将其投到河里给鱼吃。相传这是为了屈原，因为人们害怕水里的鱼儿们没有饵就吃屈原的身体，所以每年投上大量的粽子到河里，鱼儿们就会放过屈原。

（二）湖南民俗的开发

自从国家调整法定节假日以来，人们的出游习惯也在悄然发生改变。如今，清明、端午、中秋三大传统节日变成小长假之后，农村民俗风情游越来越走俏。目前，湖南省多家旅行社已开始在传统节日游上大做文章，设计了一系列民俗风情游线路。比如端午节的赛龙舟、汨罗江游、屈原故乡游、中秋节的赏月游等等。考虑到各地的过节风俗不尽相同，各旅行社还和景区、酒店合力推出一些互动性旅游产品，如在春暖花开时节的清明节推出各类踏青游，在端午节推出各种漂流、吃粽子项目，在中秋节设计"十五邀月、十六送月"等旅游项目。从清明、端午、中秋三大节日的民俗风情游延伸开去，许多以民俗文化为卖点的景区也会更受欢迎，比如烧烤节、沐浴节、美食节、乡村游、水乡游、古镇游等等。

还有一些旅行社除了热卖农村传统文化，还大打家庭温情牌。如推出一系列家庭游、亲子游，在游古镇时可以放慢行程，安排游客在当地传统民居、家庭旅馆住宿，让游客在旅途中也能充分体验家庭团聚的温馨。

二、广西民俗资源的开发与利用

（一）广西民俗资源

1. 婚俗

婚姻是人生的大事，广西少数民族对此十分重视，形成了种种奇情异趣的风俗。

壮族男女青年除了对唱山歌、抛绣球、投果子表白恋爱之情外，还有碰红蛋、当街对望、打木槽示爱、赠鞋定情、服饰示恋、手电筒探情等多种向对方表白恋爱之意。结婚时，新郎用牛车去接新娘。

如桂林地区龙胜县龙脊一带壮族，结婚时有背新娘、砍梯、拆桥、对歌等独特婚俗。新娘出嫁时，通常由一个父母健在、子女双全的男子或者由姑娘的父亲，背着出门，叫做背新娘。背时，要脱去新娘的鞋，到门外才给穿上，表示她脚印已经出门，日后一心向着夫家。也暗示姑娘离家并不情愿，是让人背走的。新娘出娘家，不坐轿，由十几位伴娘和歌手陪送。嫁送中必须有给新郎的一双鞋、一套衣服，给家婆、伯娘各人一块胸围，给家公、伯伯各人一条腰带。新娘到达夫家，要踏着临时搭的竹梯上楼，再走过为她架的"新桥"进入洞房。她登完竹梯，一位父母健在的男青年立即将竹梯砍断。进入洞房，后面又立即有人拆去"新桥"。"砍梯"、"拆桥"，表示新娘后路已断，今生永落夫家，生育子女，创家立业，也寓意新人结合，如意美满，白头偕老，永不变心。晚上，伴娘和歌手要与寨上小伙子们对歌。新娘次日回门，新郎当日或次日接回。晚上伴娘和歌手又要与寨上小伙子对歌，连唱3夜，有茶歌、赞歌、情歌，等等。有些青年通过这种机缘相中了意中人。

绣球也是壮族青年传统的表达爱情意愿的独特方式。绣球有圆形、方形、菱形，有的还做成各种动物形状。上端有条彩带，下端系一束尺多长的彩丝穗子，球内填充谷糠或歌或表演节目。再轮换抛球。绣球作为爱情信物时，抛法又不相同。有的是在对歌时，姑娘趁无人注意悄悄地送给意中人，对方则以手帕、毛巾之类物品回赠，两人继续对唱下去，借以增进了解。有的是姑娘看中了谁，便定点抛过去，对方如亦有情意，即系上礼物，还抛过来。绣球能打开双方心扉，为彼此的进一步接触、了解，创造条件。

又如桂北部分壮族地区的火把婚。婚期晚上，新郎带二三十人，点着火把，边走边唱，直往女家。到女家村寨边，先与新娘女伴对歌，一般总是让男方赢，男方再派一口齿伶俐的小伙子进寨，走近女方家门，又被姑娘们拦住，用歌声盘问，对答无误，才准进门迎亲。新娘上路，由二三十位女伴陪送，一路上边走边

与迎亲男青年们对歌，在歌声笑声中，簇拥新娘，到达男家拜堂成亲。新人进洞房后，男女青年继续对歌，直到天明。通过对歌，他们互相认识、了解，有的交上朋友，进而缔结夫妻良缘。

瑶族的婚姻风俗更奇特，有爬楼说爱，隔墙谈婚；有热饭传情；还有男嫁女，两边顶等多种婚恋习俗。苗族有抢头巾结恋情，喝泉水定终生的婚俗。

侗族迎娶新娘，不备花轿，只派引路郎和押礼公挑着礼物前往。入暮到大约半夜时分，才将新娘接到男家，迎亲礼物也较简单，一般是三四十斤肉，二三十斤酒和一些菜肴。新娘出嫁前夕，鸡叫第三遍，引路郎将新郎家的灯笼挂在新娘房门上，连催三次，新娘依依不舍地走出房门。随引路郎上路前，新娘剪下灯笼的草绳，掏出早已编好的花丝带系上，表示她的心和新郎已经相连。

彝族姑娘和小伙子谈情时，不像其他少数民族那样公开表露，而是极为秘密，待双方确立了恋爱关系后，姑娘便把自己戴的手镯脱出来，男女各执一边，发誓白头偕老，永不变心后把手镯拉断，这便是彝家的"秘密谈爱，断镯定情"婚俗。

水族订婚仪式十分奇特，男方挑酒肉到女方家设宴定亲当天，女方家要杀鸡款待，并将整只鸡放入锅内煮，煮熟后，如果鸡眼是开的，说明这门亲事定了；要是鸡眼是闭的，那亲事就拉倒了。新娘出嫁时，弟弟要扶姐姐出门，姐姐便把事先准备好的5双筷子分出两双来给弟弟，寓意出嫁的姐姐不忘弟弟，与弟弟分福共享。

仫佬族有"骂亲"习俗，姑娘出嫁吉日，新郎家派两个后生家和媒人一起来新娘家接亲，这时，女家的长辈、兄弟、姐妹和亲戚便异口同声大骂媒人，俗称"骂亲"，骂了媒人既提高了新娘的身份，据说还吉利，所以当母亲的便把媒人骂得狗血淋头。此时的媒人只好装聋作哑，任由对方骂个痛快。

京族小伙子和姑娘在海边谈情时，以互相向对方踢沙子、丢树叶表达爱意，双方确定关系后，互换木屐，俗称"木屐定情"。

2. 节日

苗族跳坡节为苗族传统节日，爬坡杆是节日的中心内容，青年们围着坡场中竖起的一根高约 10 米的坡杆，随着笙歌翩翩起舞，为比赛助威喝彩。参赛者则一一展示其强健的体魄和过人的爬杆技巧，那些动作优美、在杆顶畅饮美酒、摘取红腰带和腊肉的小伙子是坡场上的英雄，赢得比赛的同时也赢得姑娘的芳心。坡场上，到处是欢乐的人群，苗族的芦笙、唢呐、口琴、快板，彝族的打磨秋、抱腰，仡佬族的八音齐奏，壮族的对歌等，无不表达了对丰收的喜悦、对幸福的向往和各民族间水乳交融的深厚情谊。夜幕降临，人们意犹未尽，燃起熊熊的篝火，青年男女围着火堆尽情地唱歌跳舞。夜深了，口弦、月琴声和人们的欢呼声还在夜空飘荡。

龙胜红衣节。红衣节是龙胜红瑶同胞所特有的民族节庆日，有着悠久的历史。早在元朝期间，红瑶同胞在每年农历三月十五这天，男女老少身着节日盛装，肩担自己生产的土特产品，成群结对来到泪水街举行节日盛会，交换一年所需的生活用品和农业生产资料用品，未婚青年则在这一天借机唱山歌、吹树叶，以优雅动听的情歌来相约幽会意中人。随着旅游业的发展，红衣节已成为龙胜向外界展示自己的一个窗口，并发展成为瑶、苗、侗、壮等少数民族共同的节日。

苗族芦笙节。芦笙节是苗族的民间传统节日，每年农历正月初三、初五、十五、十六等日举行（也有在农历六月初六举行，各处日期不一）。芦笙节这天，各村寨组成芦笙队参加比赛。比赛前，每队在赛场竖起一根高 4～8 米的芦笙杆，并举行祭杆仪式，然后鸣枪、放鞭炮，芦笙手们围着芦杆载歌载舞，盛装的苗家姑娘和着芦笙曲调的节拍，跳起芦笙踩堂舞。芦笙比赛后还举行赛马、斗牛等活动。晚上，村村寨寨灯火通明，家家户户酒肉丰富。在酒兴方浓时，小伙子们串村走寨，去寻找姑娘们坐在火塘边唱歌，互诉衷肠，这就是当地称为"坐妹"的活动。苗寨通宵达旦沉浸在欢乐之中。小伙子、姑娘们则通过这些活动寻找自己如意的情侣。

过苗年。过苗年是苗族人民一年中最隆重的节日。过苗年的时间各地各有不同，一般是在农历十月第一个卯日（兔日）、丑日（牛日）或亥日（猪日）举行。节日期间，人们互相走村串寨，探亲访友，参加"跳芦笙"活动。每个村寨都有（或几个村寨共有）世代相传的芦笛场，各村寨"跳芦笙"的日期按次序安排，一般一场三天。节日的活动还有踩鼓、吹唢呐、斗马、斗牛、"游言"、对歌、爬竿等等。

盘王节。"盘王节"最热烈的场面要数跳黄泥鼓舞。一只母鼓相配四只公鼓组成舞群。母鼓斜挎胸前，用双手拍击，公鼓则是竖着拿在手中，用左手敲击，动作随着音乐的变化，舞姿雄健洒脱。跳黄泥舞母鼓的鼓点最重要，它指挥和掌握着整个舞蹈的节奏，公鼓是和着母鼓的鼓点变化的。因此担负打母鼓的常常是寨子里的老鼓手。黄泥鼓敲响之后，几位装扮漂亮的姑娘，手持花巾，踩着鼓点穿插其中，边歌边舞，高潮时，围观的群众情不自禁地加入歌舞的行列。公鼓和歌队把母鼓紧紧围在当中，犹如群星拱月，母鼓又不时和公鼓对应敲打，使整个舞场充满欢乐。

分龙节。聚居在环江毛南族自治县的毛南族最盛大的传统节日是分龙节（也叫庙节）。过节的日期，一般是从农历夏至算起，逢第一个辰日即为分龙节。过节时，男女老幼穿上盛装，用"发多"（一种大如扇面的树叶）包起五色饭和粉蒸肉，走亲访友，庆贺节日。分龙节也是毛南族青年男女聚会的日子。

依饭节。依饭节是聚居在罗城仫佬族自治县等地的仫佬族人民最隆重的节日。三年举行一次，为期三至五天，各村寨于农历十月择日举行。

花炮节。花炮节是三江侗族自治县侗族人民的传统节日，至今已有数百年的历史。花炮节的主要活动是抢花炮、赛芦笙、跳

"多耶"集体舞。抢花炮由各村选出精悍的青年组成花炮队参赛。花炮用长约10厘米的铁筒制成，内装火药，炮口上放一直径4厘米、用红布或彩色丝线缠绕的圆铁环，点燃导火线，把铁环冲上天空，未等落地，花炮队便蜂拥追逐，拼搏抢夺，一时万头攒动，喊声震天，你抢我夺，最先将铁环送上主席台的代表队即为获胜。抢完头炮即接抢二、三炮。获胜者将履行制作翌年花炮的责任。

火把节。每年的农历六月二十四，彝族同胞手持火把绕往田边地角，相互抢火把打闹取笑，进行象征性的驱虫活动。进入高潮时"火把盈野"、"火炬照田亩"，众人围着熊熊烈火，饮酒欢歌。

毛南族"放鸟飞"。春节是毛南族与汉族共度的节日，但毛南族在春节中有着本族独特的风俗，如"放鸟飞"。春节将临，毛南族人将采集来的藤叶精心编织成百鸟。编成的燕子、山鸡等都是栩栩如生的精美艺术品。除夕清早，各家主妇给百鸟的空腹灌上香糯，有的还拌上饭豆或加上芝麻馅。煮熟后，分给家里每个小孩一只。于是，孩子们在相互追逐嬉戏中比较谁的妈妈做的鸟儿美。初生小孩的年轻母亲这天专程回娘家为小孩领鸟，期望孩子们像百鸟一样伶俐。主妇们用甘蔗、麻绳等把百鸟提耳穿起来，间隔均匀地摆开。掌灯时分，把串着百鸟的甘蔗横挂在堂屋正中的香火堂前，让百鸟面向大门尾朝壁，祈祝百鸟不叮种子，啄食害虫，保护农作物丰收。"放飞鸟"可以说是毛南族民间艺术品的节日展览与竞赛，谁家的鸟儿精巧欲飞，谁家的鸟儿繁多竞啼，谁家的果蔗艳红紫绛，都会引来人们的称赞。这种点缀生活的独特民间美展，从除夕一直到元宵节。元宵这一天，人们砍断甜甘蔗，再煮百鸟群，晚餐用百鸟当饭，果蔗、糖蔗汁解腻，这就是韵味无穷的"放飞鸟"。

（二）广西民俗的开发

广西的民俗旅游资源有着广阔的开发前景。经过最近几年的发展，广西已逐步发展出拥有自己特色的和较为科学合理的有强烈震撼力和吸引力的十大旅游精品路线：如桂林山水风光游，北海银滩休闲游、南国边关览胜游、壮乡文化风情游、瑶苗侗乡采风游、千年灵渠寻古游、宁明花山崖画探奇游、金田名胜古迹游、百色"小平"足迹游以及巴马寿乡探秘游等等，取得了良好的经济效益和社会效益。

第六章　农村景观文化资源

第一节　农村景观

农村景观与城市景观（以高度密集的人，与建筑群、与工业、与服务体系为主），与自然景观（以原生态景观为主，少有人居和人为经济活动）有本质差异。它是自然与人为因子交互作用下的景观基本类型之一。

农村景观是农村地区范围内，经济、人文、社会、自然等多种现象的综合表现。研究农村景观最早从研究文化景观开始。文化景观是"附加在自然景观上的人类活动形态"。文化景观随原始农业而出现，人类社会农业最早发展的地区即成为文化源地，也称农业文化景观。以后，农村文化景观又被扩展到农村景观，包括文化、经济、社会、人口、自然等诸多因素在农村地区的反映。

农村地区除聚居地外，大部分的土地都作为作物栽植、水产养殖或放牧等用途，是由当地生产条件、居民生活方式、社会文化背景等因素交互作用而成的生态空间。从景观生态学的角度看，农村是一种人口相对聚居的、以耕种为主业的田园景观。在生态结构和特征方面，农村以幅员广大的农田，呈斑块状的村庄，呈廊道状的河流、农渠和道路的功能为主。

从农村地理学角度看，农村景观景致是在农村地区具有一致的自然地理基础、利用程度和发展过程相似、形态结构及功能相似或共轭、各组成要素相互联系、协调统一的基础上存在的。它是指农村地域范围内不同土地单元镶嵌而成的嵌块体，包括农田、果园及人工林地、农场、牧场、水域和村庄等生态系统，以农业特征为主，是人类在自然景观的基础上建立起来的自然生态结构与人为特征的综合体。它既受自然环境条件的制约，又受人类经营活动和经营策略的影响，嵌块体的大小、形状和配置上具有较大的异质性；兼具经济价值、社会价值、生态价值和美学价值。

第二节　农村景观文化性规划与设计

农村景观是世界上出现最早并分布最广的一种景观类型，是农村地域范围内自然、社会、经济的复合镶嵌体，包括广阔的自然生态空间与人类聚居环境。国外农村景观多集中在农村土地利用、农村景观资源保存和文化景观方面。国内农村景观主要涉及农业景观以及城乡交错带和生态脆弱区的农村景观等以及农田景观格局与变化、农村景观生态学、农村土地资源利用和农村景观资源评价等。其中，农村景观规划设计是应用重点。合理规划农村土地利用和景观格局，维护农村人居环境安全，在当前我国新农村建设中具有广阔的前景。

一、农村景观发展变化的特点

农村景观发展的第一个特点是随着人类改变自然能力的大大加强，机械化使大面积的耕种成为可能，许多原来难以耕种的土地被开垦为集约化农田。原野上出现种植斑块就将自然景观转变为了农业景观，外来栽培植物的种植使得区域的景观外貌也因此而发生变化。

农村景观发展的另一个特点是居住斑块的出现。农区村庄的出现，使区域中的廊道和网络增加，景观因此而趋向于破碎，连通性下降。此外，农村景观的发展也改变了当地的动植物区系，出现了外来动植物，使当地的自然景观外貌变得复杂。

农业景观的发展经历了三个阶段，首先是传统农业景观，其次是传统农业向现代农业的过渡景观，最后是集约化的现代农业景观。现代农业的发展使大面积的集约化农田出现成为可能，农业的专门化和机械化使当地的景观变得十分单调，生产量上升的代价是景观多样性的下降、当地生物物种的减少和土壤侵蚀的增加。

近年来我国部分地区已处于传统农业景观向现代农业景观过渡的阶段，原有的一些较好的农业生产方式逐渐被放弃，大量使用农药化肥和机械化耕种使人类活动过程和自然生态过程交织在一起，所造成的有机质减少、面源污染、土壤板结等使农业景观和自然环境发生了很大的变化。另外，农村各产业的蓬勃兴起，在有限的自然资源和经济资源的条件下，各业相互竞争，物质、能量和信息在各景观要素之间流动和传递，不断改变着区域内的景观格局，农业资源与环境问题日益突出。时空格局的改变使得小尺度的农业生态系统研究已无法满足农业持续发展的需要。因此，运用景观生态学原理，对我国农村景观进行合理的规划和设计，对促进资源的合理利用及农业的持续发展，具有重要的现实意义。

农村景观除河流具有的自然特征外，耕地、村庄、农渠、道路基本上属于人为景观现象，这种现象是可以变化的。从历史上看，农村景观有一个从无到有，从小到大的变化过程；从未来看，特别是就中国农村而言，未来 50 年农村景观范围将会出现一个从大到小的过程。我国目前正处于快速工业化、城市化阶段，伴随工业化进程加快与农业社会向工业社会的过渡，一部分近郊农村成为工业区，一部分农村向城市发展，成为城市的一部分；一些不再耕种的农地就变成工业区或经济开发区，一些田园被大量人口聚居就变成城镇或城市；一些距大中城市较近的郊区，土地肥沃，适宜规模化、机械化耕种的浅丘、平原地域，将逐步变成农场或现代农业基地；或被企业经营变成工厂或工厂化农业基地。这些景观类型都不是农村。因此说，我国农村景观将是一个逐步分化、变小的过程。这是区域社会、经济、生态发展的大趋势。

二、农村景观文化性规划与设计的基本原则

不同国家和地区基于经济发展水平、人口、资源状况的差异，农村景观生态规划也有所侧重。如欧美一些发达国家，经济发展快，农业现代化水平高，自然资源条件也相对比较优越，其景观生态规划较为注重生态保护及美学观光价值，如高强度农业景观生物多样性与陆地表面覆盖物的空间异质性关系，农田树篱结构变化对鸟类多样性的影响，促进哺乳动物和鸟类自由运动与水土流失调节的景观设计。对应于旅游业中人们"回归自然"的要求，农村景观生态规划中设计一些富有特色的观光农业模式。这种景观模式是根据美国和欧洲农村的情况，融合生态知识与文化背景的一种创新，被称为可能景观设计。

我国人口众多，生态负荷重，在长时期高强度的土地利用之下，农村景观中自然植被斑块所剩无几，人地矛盾突出，因此农村的景观生态规划和建设要立足于自己的国情。首要的问题是协调提高人口承载力与维护生存环境之间的关系，生态保护必须结合经济开发来进行，通过人类生产活动有目的地进行生态建设，如调整农业生产结构、营造防护林、修建水保工程，增加绿色廊道以补偿和恢复景观的生态功能，塑造环境优美、与自然系统相协调的人居环境与宜人景观等。

理想的农村景观生态规划应能体现出农村景观资源提供农产品的第一性生产、保护及维护生态环境及作为一种特殊的旅游观光资源这几个层次的功能。现代农业的发展，不仅要满足第一层次的需要，同时还要注重后两个层次功能的开拓。通过景观生态规划，使根据生态规律建设的农业生态系统不仅要获得超过自然系统的生产力，并且要保持生态的可持续性。

首先，农村景观生态规划应该注重增加景观异质性来创建新

的景观格局，或是改变原有的景观基质，或是营造生物廊道与水利廊道，或是改变斑块的形状、大小与镶嵌方式，形成均匀或不均匀（散布与聚集）、细粒或粗粒的景观格局。这些景观的空间构型乃是在原有的地貌、气候与生物等自然属性的基础上注入新的人类文化特征后形成，是人类寻求与自然和谐、协调，改善与优化土地利用方式的产物，是在景观尺度上实现可持续发展的积极探索。

其次，要注意在原有的生态平衡中引进新的负反馈环，以增加系统的稳定性。实行多种经营、综合发展，或农林牧结合，或农林果结合，或农业种植与水产养殖相结合，从而大大提高景观中各生态系统的总体生产力，取得经济效益与生态效益的同步增长。

三、新农村景观建设的要求

社会主义新农村景观建设的审美要求不仅仅是村容村貌的卫生清洁活动，也不仅仅是把美从满目疮痍的景象中挽救出来，而是要建立一种人与自然和谐共处的生活方式，即是说，美的乡土景观所引起的不仅仅是一种审美的体验，更是指向一种和谐社会与和谐人地关系的理想境域。

（一）功能性环境：新农村建设须将景观的宜人性和生产、生活的便利性结合起来

如果不能认识到农村环境是作为一种功能性环境而存在的，就不能很好地理解农村。农村不等于未经人类涉足的大自然，我们的祖辈已经在这片乡土之上造地开田、引水灌溉、春耕秋收了几千年。他们按照季节的变化在这里劳作、娱乐、休憩，他们随着岁月的流逝改造着周围的环境。从原始的农田、村舍到现代化的农业景观和田庄，从近乎自然的原始地貌到有良田美池桑竹之属的田园风光——这说明农村环境总是要以满足人类的需要为前

提的。但是农村环境的功能性又和城市环境的功能性不同，后者最大限度地呈现了以人为中心进行环境改造和再造的能力与要求，从这方面看，城市是和自然相对的。农村环境的功能性介于自然与城市之间。这里的土地散发着泥土潮湿的气息而不是水泥公路上随处飘扬的灰尘，随处可见在天空飞翔歌唱的小鸟和在草地上结伴进食的牛羊，日出和日落时可以看见农人迎着朝霞和余晖的背影，这才是属于农村自己的美——充实的美、安逸的美、劳作的美、和谐的美。由此可见，农村环境总要以"宜人"为前提，要使之"宜居"，要使人"乐居"。现在农村环境建设出现的问题大多是没有处理好景观宜人性与生产、生活的关系。例如，有些地方为了发展农村旅游而严重影响、破坏当地人的日常生活方式；又有些地方打着保护民居的旗号将当地人搬迁出去，使之成为无人之村；更多的则是为了发展农村经济而大肆破坏当地的生态系统，使当地的人文景观遭到毁灭性的打击。农村环境首先是作为功能性环境而存在的，这就意味着农村景观的宜人性首先要满足村民的生产生活需要，以景观美化的名义阻碍或者破坏村民的生产生活都是不可行的。在现今的情况下，能将两者较好地结合在一起的是在农村大力发展生态型的农业，在不破坏农村生态系统的前提下满足村民生产生活以及环境审美的需要。

（二）幻想世界：新农村景观建设须突出"桃源"特色

农村是介于大自然与城市之间的环境，它的特点是人与自然的和谐共处。城市环境提供给人的典型想象是人造型的，博物馆、电影院、书店、体育馆是典型的满足人们想象的场所。大自然给予人的典型想象是非人造型的，戈壁、荒野、山峦、海洋是典型的非人为的景象。农村则应当有自身的幻想环境，这一环境既不以人造为典型，也不以非人造为典型，应当属于两者的混合型。东晋诗人陶渊明描述的"桃花源"就属于中国古代理想的农村环境，在这里有芳草鲜美、落英缤纷的美景，有阡陌交通、鸡犬相闻的农家气息，有黄发垂髫、怡然自乐的邻里关系。在这里，人与自然的和谐达到了可遇而不可求的境界。当然"桃花源"只能是我国农业时代的理想，在我们这个时代不大可能出现这样的地方，也不可能要求把新农村建设成为"不知有汉，无论魏晋"的隐居之地，但是，"桃花源"所体现的和谐人地关系的理想却可以在农村景观建设的幻想世界中实现。农村环境应当根据自身的环境特点为人们提供这种体验。农村环境的幻想世界应当是原汁原味的农村世界，村民按照自身的生活方式与自然发生相互关系。新农村建设所做的应当是在生态平衡、人地和谐基础上促进这种相互关系的发生，而不是粗暴打乱、破坏适合于农村生活的各种关系。具有农村自身特点的环境可以最大限度地满足人们关于乡土景观的期望与幻想。在许多人心中，乡土景观代表着家园梦、田园梦，长久栖身于城市环境的人对于这种非城市化的乡土景观拥有最强烈的渴望。由于各种原因，我国新农村建设中部分地区出现了很多不和谐的音符，比如在农村大量兴建欧式别墅、小洋楼、兵营式村舍等，不仅在审美上显得不伦不类，更加严重的是破坏了当地人的生产、生活方式以及当地的乡土人文景观，造成难以弥补的生态灾难。城市化对农村景观建设的侵蚀给农村乡土人文景观造成了十分恶劣的影响。创造农村景观的幻想世界，就是要创造出具有农村自身环境特色，可以给人带来独一无二的审美体验的世界。要达到这一要求，还需要大量的规划师、建筑师和政府部门提高自身的审美素质。

（三）精神维度：新农村景观建设须维系农村的精神信仰

在我国农村，宗祠、神庙、戏台、古树等都可以充当国人精神信仰的景观元素。然而，新中国成立以来，为解决温饱问题，政府付出了极大的努力，大规模的建设已经使一些重要的乡土人文景观受到不同程度的损坏。随着乡土遗产景观的消失，民间的草根信仰体系将随之动摇。所谓乡土遗产景观，是指那些到目前为止还没有得到政府和文物部门保护的，对中国广大城乡的景观特色以及国土风貌和民众的精神需求具有重要意义的景观元素、土地格局和空间联系，如祖坟，村头的风水树、风水林、风水池塘，一条小溪，一块界碑，一条栈道，一座龙王庙。它们尽管不像官方的、皇家的历史遗产那样宏伟壮丽，也没有得到政府的保护，但这些乡土的、民间的遗产景观与祖先和先贤的灵魂一起，恰恰是构成中华民族草根信仰的基础。因此，农村景观的美所涉及的就不仅是一个自然的问题，它还是一个文化的问题。注重保存、修复那些具有精神信仰意味的乡土人文景观对于重拾农村的草根信仰、维护农村的稳定和谐具有重要的意义。

（四）宇宙体验：新农村景观建设须让人进入对宇宙的敬畏体验中

自然中的现象——日出、日落、风雨、雷电或许是最寻常但也最具审美的形式意味的现象，大多时候我们可能对它们视若无睹，但是我们一旦怀着一种无私的心情去感受其中的变化，就会产生惊奇与敬畏的情感。城市环境也有各种自然现象，但是高耸矗立的楼群和嘈杂的工业噪声让人们缺少感受这些现象的心情。相比之下，农村最有可能成为体验这些现象的绝佳场所。在农村的环境中，人能够直接参与到各种宇宙的运动变化中，从早晨迎着朝霞出门劳作到午间在大树之下的乘凉嬉戏，再到晚霞中的荷锄而归，无时不体现出一种无言而神秘的宇宙力量。对于自然，参与其中的人应当随时保持着敬畏之情，而不是以征服者和破坏者的姿态进入其中，人越是对自然保持尊敬，就越能在二者的和谐中获利。只有这样，才能把农村建设成为富饶、美丽、安逸的理想之所。

第三节 农村景观文化资源开发
模式与经营管理

一、宁波东钱湖以景观概念建农村，以旅游理念经营农业

东钱湖镇是宁波著名的旅游度假区，高钱村是著名的生态景观村。近年来，高钱村抓住东钱湖开发建设的历史机遇，发扬开拓创新、敢为人先的精神，在新农村建设、生态村建设和农村改革发展的道路上争创特色、积累优势、构筑和谐，引导村民成为具有时代特征的"新高钱人"。短短几年间，高钱村呈现出环境自然化、居住环保化、硬件现代化、管理社区化的新特色，获得了省、市全面建设小康示范村、省级生态环境教育示范基地等荣誉称号。

东钱湖新农村建设的发展方向，突出强调以景观的概念建设农村、以旅游的理念经营农业，到2010年，重点建成一个旅游特色镇（东钱湖镇）、三个农村旅游示范点（前堰头村杨梅基地、绿野农夫果园、观光休闲农业旅游区）和六个旅游特色村（陶公、韩岭、殷湾、高钱、城杨和洋山村）；扶持、扩大前堰头的杨梅、梅湖的中华鳖、福泉山的东海龙舌、下水的西瓜、野马湾的葡萄、东钱湖的湖鲜六大无公害农产品的影响力和市场竞争力，打响东钱湖绿色、生态、健康食品的品牌，建成具有旅游度假区特色的社会主义新农村。

2007年年初，区党委、管委会把合力推进新农村建设作为"五个重点突破"的工作内容之一，专门举行专家咨询会，邀请省内外规划、旅游、建筑等方面专家学者为韩岭、陶公、殷湾三个人文古村和高钱生态景观村开发做系统规划。随后又组织有关局办和东钱湖镇负责人赴江西婺源和安徽西递、宏村考察学习。

在进镇入村认真调研、理清思路的基础上，会议推出了《进一步加大"三农"扶持力度，全面推进社会主义新农村建设的若干意见》、《旧村改造新村建设暂行办法》、《推进新农村文化建设的通知》等 8 项新举措，为建设具有旅游度假区特色的社会主义新农村提供了强有力的保证。

二、抓住婺源特色，开发旅游资源

婺源的风景名胜特别多，古迹遗址随处可见。早在唐宋时期，这里就是一个颇有名气的游览胜地，李白、苏东坡、黄庭坚、张大直、宗泽、岳飞等都曾游吟到此，并留下了不少的赞美诗文。这里有年代久、种类广、数量多的名木古树；有景色优美候鸟迁徙的乐园——鸳鸯湖；有以石雕、砖雕、木雕"三绝"见长而且保存完好的明清古建筑群；有古朴壮观的廊桥——彩虹桥；有江南最大的宗祠——俞氏宗祠；还有时任国家主席江泽民的祖籍——江湾。这里还曾是影片《闪闪的红星》、《聊斋》的外景地。

婺源山清水秀，古树名木多，植被覆盖率达 82％以上，生态环境非常好。婺源自古即为徽饶古道必经之地。周边有着名旅游景区庐山、黄山、九华山、武夷山、三清山、龙虎山，鄱阳湖、千岛湖等，涵盖了"名山、名水、名镇、名村"四大看点。婺源被旅游界称为"中国旅游精品线路上的明珠"，是江西对外开放与发达地区对接的前沿和精品花园。

近年来，婺源以其优美的田园风光，独特的历史人文景观，淳朴的民风民情，吸引越来越多的游客。其特产可以用四个字概括：

绿：即绿茶，以"颜色碧而天然，回味香而浓郁，水叶清而润厚"著称的婺源绿茶，曾唐载《茶经》，宋称绝品，明清入贡，中外驰名。早在 1915 年就获巴拿马万国博览会金奖。1935 年被美国《茶叶全书》赞为"中国绿茶品质的最优者"。1999 年又荣获"99 昆明世博会"金奖。现有茶园面积 13 万亩，年产茶叶 10

万担，其中低农残面积 90％以上，经欧盟有机食品论证机构论证的"大鄣山"有机茶面积 3 万余亩。目前，全县有机茶面积、产量和出口量均居全国前列。

红：即中华荷包红鱼。集食用与观赏于一体的中华荷包红鱼，是国内外唯一独特的鱼种，其色彩红艳，形似荷包，肉质细嫩，营养丰富，味道鲜美，为宴席珍肴。早在 1985 年就已被列入国宴，受到外国元首的赞赏。

黑：即龙尾砚。享有"砚国明珠"、"石冠群山"等盛誉的龙尾砚为中国四大名砚之一，因婺源古隶歙州，故又称"歙砚"。龙尾砚自唐代问世后，历朝被定为贡品，欧阳修、苏轼、黄庭坚等历代名人都曾为龙尾砚撰文、写诗、填词、赋歌、记铭。香港商报评龙尾砚具有敦煌壁画传统，有六朝造象韵味，多次被选为外交礼品。

白：即江湾雪梨。因产地江湾，且果白如雪而名。据史载：明代婺源人从歙县引进梨苗，与当地野生棠梨嫁接而生。品种有"六月雪"、"西降坞"、"白梨"、"苏梨"等多种。江湾雪梨不仅体大肉厚，皮薄核小，而且松脆香甜，汁多味美，入口消融，属果中珍品。

2001 年以来，婺源围绕"文化与生态"主题，高起点规划、高标准建设，先后开发了 10 多个景区，其中江湾景区和大鄣山卧龙谷景区被国家旅游局评为 AAAA 级旅游景区，婺源作为一个文化与生态旅游区被评为全国首批农业旅游示范区。并通过了 ISO9000 质量体系和 ISO14000 环境质量论证，经过几年的发展，年接待游客量由最初的 12.5 万人次飙升至 2006 年的 283 万人次，门票收入 4836 万元，综合收入 4.7 亿元。目前旅游产业增加值占全县 GDP 的 41.6％，旅游产业成为县域经济的主导产业。此外，婺源还被众多媒体评选为"人一生中必到的五十个地方"，"中国十大踏青好去处"，并被中国国家地理杂志社推选为"中国最美的六大乡镇"之一。

在婺源县委、县政府的领导下，当地"乡村游"在民间搞得红红火火，逐渐走出一条"乡村游"与新农村建设齐头并进、有效对接的新路子。如今在婺源，景区景点的村民不仅可以从旅游业中受益，还可以在自己的家门口实现就业，全县有6万多人在旅游业中找到了就业岗位。近几年，全县农村居民存款总额年均增加3亿元，大多是从旅游业中得来的，"乡村游"已经成为农民就业、增加农民收入的惠民项目、朝阳产业。

婺源特色旅游之所以取得如此成功，主要原因是在文化旅游产业发展过程中，突出强调以规划为龙头，以项目为抓手，以经费核算为要点，突出抓好徽派文化的保护和整理，突出婺源旅游特色，以此来提升全县旅游发展的层次和水平。如加强建筑管理，努力保持徽派建筑的整体风格。在全县范围内，对大小村落、重点景区、旅游沿线进行持续不断的整顿，统一建筑风格，达到协调统一的效果；进一步加强生态保护，持续不断地开展植树造林活动和生态林建设工程，在全县范围内推进"花开百村"工程，保持婺源良好的生态环境；加强对婺源文化的保护、挖掘和整理力度，提升旅游发展的文化内涵。

三、北京怀柔奏响"田园文化经济"交响曲

"采菊东篱下，悠然见南山。"田园文化是古代士大夫阶层的追求，而今却成为城市人群在物质发达后与自然和谐的心享。有人说，"田园文化经济"是农业和农村经济与工业经济、知识经济融合发展过程中的提升，也是一种更高层次的回归。

随着首都经济的迅速发展，城乡一体化进程的加快，怀柔农村正沿着由"山水田园"到"现代田园"再向"文化田园"的发展道路上稳步行进，并不断丰富和发展新内涵，开始奏响"田园文化经济"交响曲。

美丽如画的山水，方便快捷的交通，设施齐备的田园，果香鱼鲜的农家，还有山水田园间不时闪现的新鲜创意……这一切，

无不让城里人艳羡，纷纷远离都市喧嚣，奔向自然，寄情山水，体会身心的宁静、感悟真正的人生。

（一）山水田园

人们心灵的回归，城市人群希望远离喧嚣的环境，农民就地致富的"聚宝盆"仁者乐山，智者乐水。诗情画意的山水，是人们心灵的归宿。在物质生活不断丰富的今天，越来越多的城市居民开始腻烦都市车水马龙的喧嚣和工作快节奏的紧张，向往陶渊明笔下安逸的山水田园生活。而生态环境一流的怀柔，自然成了城里人寄情山水、放飞心情、享受田园生活的最理想选择。

如果说，怀柔的景区旅游发端于1983年，1988年正式对外开放的慕田峪长城；那么，作为怀柔乃至京郊第一个民俗旅游接待村——雁栖镇官地，民俗接待则始于1993年单淑芝、常大妈等第一批"吃螃蟹"的农家女，是她们让城里人真切感受到了观自然山水、吃农家饭菜的乐趣。而这一年，也恰恰是我国改革开放深入推进的一年。

随后，雁栖湖、响水湖等一批以自然山水为主的景点和以景区景点为依托的民俗村、民俗户，在怀柔山水田园中不断涌现、发展，而民俗接待也由开始的观山水体验民俗，拓展到冷水鱼垂钓烧烤、果品观光采摘等多种形式。近几年，怀柔民俗接待则由长城脚下的浅山区向北部深山区拓展，涌现出原始次生林区孙栅子、北方水乡——西洋参村东帽湾、八旗文化新村七道梁、项栅子等，使沸腾的山水田园更加"富饶"。

截至目前，怀柔区已发展民俗旅游村32个，其中市级22个，各类民俗旅游经营户3200多户，拥有床位4.5万多张，采摘园500多个，面积近万亩。全区民俗接待超过500万人次，加之旅游景区就业收入，农民1/3收入来自旅游和民俗接待。

特别是虹鳟鱼"游"上餐桌，更是第一产业和第三产业融合的范例。目前，全区虹鳟鱼、鲟鱼养殖水面610亩，烧烤垂钓点

500 余家，虹鳟鱼大多依托旅游直接成为游客口中美食。仅雁栖"不夜谷"内就有 54 家规模较大的经营虹鳟鱼的宾馆饭店。

优美的自然山水，纯朴的乡村风俗，满足了都市人回归自然的愿望。上溯三代、五代，大部分市民也是由乡村走入城市的。远离喧嚣，回归自然，是体验，是怀旧，也是寻根。火炕、窗花、对联、灯笼、鞭炮、贴饼子、包饺子，节有节味，年有年味。这种山水田园，恰以浓郁的耕读文化、淳朴的民风见长。而畅游怀山柔水间，漫步阡陌田园中，微风习习，林溪潺潺，给人无限遐想，耳边仿佛响起田园交响曲。一种文化、一种历史、一种审美……这也正是山水田园给人的感受。

山水田园，对市民来说是休闲的乐园，而对农民来说，则变成了卖"景"赚"钱"的富裕家园。怀柔人深知，山水田园离不开良好生态的保护和建设。这也正体现了田园文化经济发展的综合性和融合性。怀柔区域面积 2128 平方公里，但山多，"九分山水一分田"。作为首都北部生态屏障，历届区委、区政府都把生态建设作为重点，全力做好山、水、林、田、路综合治理，并在怀丰路、红螺山、青龙峡等主要旅游区域大搞彩叶林工程，实现多层次、多色彩的自然景观。目前，全区林木覆盖率 75.1%，主要指标均居京郊区县榜首；全区年水资源总量占全市总量的 1/5、地表水质量长期达到国家饮用水标准，拥有四级以上河流 17 条、泉水 747 眼。山清水秀空气新，怀柔被誉为"大氧吧"和首都的"后花园"。而今天，当很多地区改造自然山水的时候，历史开始轮回，很多都市人开始追求原生态山水、文化。显而易见，这不是简单的重复，恰恰体现的是事物发展的螺旋式上升。

（二）现代田园

山水田园的"都市版"，满足人们既寄情自然山水又享受现代生活的需求。"栗影扶疏现长城，虹鳟游弋流光处。"这是描绘闻名京城的雁栖虹鳟鱼一条沟改造升级为"不夜谷"的美丽夜景。

车进"不夜谷",过柏崖厂村不远,眼前豁然一亮:一个高约 5 米,横跨道路两侧的大门光彩耀人,雁栖"不夜谷"几个红字时隐时现,似不断起伏的波浪,体现了虹鳟一条沟正是借助着水的灵气;"水"中还有两条金鳟、虹鳟游弋跳跃其中。沿着路旁太阳能灯光的指引,车进"虹鳟鱼一条沟",晋阳人家每间客房前都挂着一盏圆柱形小灯笼,院前手持大刀的关老爷在柔和的灯光下也显得可亲了。经过花苑湖,直奔西线的长园养鱼场、山吧、劳模山庄,一直到巴克公社和山中传奇,或是满山木屋的"星星点灯",或是长廊内外的灯火通明,或是屋顶四框、屋角八线的串灯炫彩,或是满院的圆灯笼、方灯箱,处处亮丽、景景不同;而东线官地、神堂峪和山野等民俗村、饭店也是流光溢彩,让人疑为"山中城市"。

随着旅游休闲业向更高层次的发展,都市人群已不再满足山水田园里简单的吃、住、行了。在游、娱、购上,不再走马观花式的看山看水看庙,希望能感受特色文化,并体验参与其中,在休闲中游玩,在游玩中益智;在住的方面,不是简单凑合一宿,不仅对卫生环境要求高,还希望能享受丰富的夜生活;在吃上,既青睐农家饭菜又希望精致、色香味俱全。

在景区旅游中,雁栖湖、生存岛、鹅和鸭农庄等参与型、体验型旅游区,则越发受到青年人和家长及孩子的青睐。

近几年,借助市、区新农村建设"工业反哺农业、城市带动乡村"和"三起来"等政策,雁栖虹鳟鱼沟改造升级为"不夜谷",慕田峪旅游沿线则变身"夜渤海"。

山吧、那里、劳模山庄、山野和顺通、鱼师傅、晓龙瀑、鑫双泉等一批有特色、高档次的吃住接待点受到市民追捧,成为雁栖、渤海两条沟旅游接待的龙头和招牌。而率先进行旧村改造的官地、庄户等一批民俗村不仅道路、供电、上下水、文体设施、卫生环境等硬件条件得到改善,民俗接待户也是"鸟枪换炮",

新建标准间，安装空调、电视和室内洗浴卫生间，火炕则作为特色保留。

说起美食，很多人首先想起的是怀柔的"养生三宝"——栗、参、鱼。虹鳟鱼有多少种吃法，多数人会说出个七八种，而鱼师傅、顺通等很多饭店却能做出二十几种。除了都会做的生鱼片、烤虹鳟、炸鱼排、清蒸、红烧，还有溜鱼片、宫爆鱼丁、鱼肉馅饺子，甚至还琢磨出用虹鳟鱼做水煮鱼、侉炖鱼等。而且虹鳟鱼浑身是宝，鱼头可以做酥鱼头；鱼皮富含胶质做凉拌鱼皮；鱼骨头做烤鱼骨。别小瞧这些菜，不仅新鲜，而且极富营养。鱼老板们真是把孔老夫子"食不厌精，脍不厌细"这句话琢磨到家了。

其实，怀柔人不仅做活了游上餐桌的虹鳟鱼，而且正在做活板栗、红薯、红果、大扁、山野菜等农产品。如果说，虹鳟鱼、山野菜由一产直对三产，那么，通过天惠参业、御食园、红螺食品等企业的二产深加工，板栗产品真空袋装栗仁、开口笑，红薯产品营养小甘薯、烤薯片，利用航天高科技设备研发的袋装糖葫芦等休闲食品，不仅满足了国人的口福，还出口日本、韩国及欧美市场。

还有很多采摘果园，更是引来了大批市民游客。在桥梓镇红莓园，游客轻盈地穿梭于大棚的草莓畦垄，"春节以来，每天都有游客采摘，他们图的是果品的新鲜和劳动的快乐，而我们赚了闲钱！"现在，不仅杏、桃、李子、苹果、梨、大枣等果品成为采摘平常物，火龙果、枇杷等8种南方水果，甚至龙井茶也通过设施农业在怀柔培育成功，游客不用再远到南方就能享受到"石炉敲火试新茶"的乐趣。

劳者得其乐。还有些灵光的果农和民俗户，专门辟出一块种植区供市民租种当"农夫"，让市民体验"乡下有我一分田，我到地头来休闲"的农耕乐趣。一家人把租种的"自留地"整理好，并种上豆角、丝瓜等蔬菜。"让孩子参与劳作，不仅大人、孩子身心放松，更能让孩子通过劳动的辛苦，感受农民的不易。"

（三）创意田园

山水田园注入文化内涵，农业借助知识经济让土生金。文化创意，可以点石成金，对农业、农产品也不例外。山水田园既有传统文化的元素，也有现代文化理念的助推。近两年，一种集观光、休闲、体验、益智于一体的创意田园——农业公园，开始在怀柔广泛兴起。

结合新农村建设，遵循大公园式建设理念和好吃、好看、好玩的旅游特点，怀柔区依据不同区域产业基础和资源特点，采取连村、连沟、连片和分区域规划、分资源建设、分产业发展、分客流接待、分档次收费等形式，建成了庙城七彩樱桃、桥梓镇"凤山百果"、杨宋镇"四季花卉"、怀北镇"神龙峪红梨"等一批农业公园，"诱惑"了一拨又一拨"周末农民"。

最近，怀柔区又新推出"水长城"、"栗花沟"、"白桦谷"、"溪水湾"4个生态农业谷和"三山"设施农业公园，实现"处处是公园、处处能休闲"和"资源用起来、山沟美起来、农民富起来"目标。

农业公园文化点缀层出不穷、随处可见。凤山百果园每个采摘门前都摆放了由清华大学美术学院教授设计的"LOGO"，成为周末人们排队等候合影留念的宝地；四季花卉园挖掘历史文化，在园内重建"萧太后看花台"，专供游客观赏花草；七彩樱桃农业文化园开辟农耕基地，让游客体验春种秋收、夏管冬藏的农耕文化；"水长城"建起雕塑门，并刻有长城文化介绍……栩栩如生的雕塑和装饰点缀山间水边，不仅不显得突兀，反而与浓郁的乡土文化融合得恰到好处，让原本单调的乡野变得时尚、文化起来，散发出传统与现代相融合的田园文化气息。

创意田园"塑造"新产业。桥梓镇红莓采摘园里的草莓生长节奏与众不同：冬季开花，春节采摘；一些瓜农改变"卖相"，

"引导"南瓜、倭瓜等长成各种形状，并将"吉祥如意"、"生日快乐"等词句映现在瓜上。杨宋镇飞鹰基地目前已成功培育太空植物 200 多种，游客可以参观难得一见的垒球西红柿、篮球茄子、棒球棒瓠子，新奇刻字"迷你小南瓜"，把蔬菜"改造"成水果的水果玉米，番茄、辣椒做的盆景……这些不仅让都市人能够参与、体验，还有利于孩子学习农业知识。

做活"中国板栗之乡"文章，怀柔推进了栗花节、板栗节等活动，九渡河镇还推出明代板栗认养活动，镇内原生板栗树 2 万余株，最古老的一棵板栗树"大明栗"树龄在 500 年以上。

铡草机、粉碎机、刮耙……几十种老式农具现身观光采摘园、虹鳟鱼垂钓点，吸引游客感受几千年的农耕文明。

雁栖"不夜谷"新建"中国乡村艺术品大集市"，南方粤绣、广州木雕，北京绢花、面人；西藏唐卡、地毯、木器，享誉中外的杨柳青年画，景泰蓝，还不大为外界所知的青海荷包、濮阳麦秆画。谷内还新增 6 个水上舞台和露天舞台，节日期间，游人将看到不同档次的民间绝活演出。山吧新建非洲艺术文化交流中心，那里新增酒吧让游人享受现代酒文化。

"鹰手营、杨木营、胭脂营"，这些现在听起来已很生疏的名称，实际上是清朝时期怀柔深山区汤河沿岸三个乡镇——喇叭沟门、长哨营、汤河口的别称，统称为"汤河川"。近几年，怀柔开始全力搭建满族文化平台，助推深山经济发展。喇叭沟门满族乡借助率先搜集编写满族民间饮食等书刊，挖掘恢复满族传统体育项目，并建起了满族文化陈列馆。长哨营满族乡也以满族文化为内涵，建起八旗文化新村、办起山货大集。特别是汤河川满族民俗风情节的举办，引来了满族民俗专家赵书的关注，爱新觉罗·毓岚也把绣品、书籍、瓷器等 165 件藏品赠给喇叭沟门乡。怀柔人在不断探索，田园文化经济成为怀柔追求的目标，创意文化在怀柔农业产业发展、新农村建设中已初现端倪。

创意无极限，发展无尽头。今天的创意田园，或许展现的正是未来经济社会的影子。

四、古镇依托民居建筑打造旅游产业

传统建筑是集中了地方性实用技艺精华的最高典范。民居建筑沉淀了多年的古老艺术，具有鲜明的区域性和历史文化性。它们是在当地特有的自然环境中，受社会因素的制约，并与当地的自然、经济相适应，经过长期发展而形成的。例如被称为"华北第一民俗博物馆"——祁县乔家堡乔家大院，是对山西民居建筑民俗文化旅游资源的最好诠释。再如晋东南及晋西北的黄土丘陵地带，窑洞是最常见的民居形式，充分体现着当地人民朴素、简洁、实用的民居色彩。湘西侗家吊脚楼多悬于悬崖陡坎或河岸溪谷之上，雕梁画栋，古色古香，或凌空飞架，或险挂峭壁，与秀丽山水相映成画，妙不可言。

传统建筑体现了伦理和宗教的含义。传统民居不仅反映了人与自然之间的关系，而且更多反映的是人与社会之间、人与人之间的关系。居住是一个复杂的物质文化现象，因社会、种族、文化、经济及物理环境因素相互作用而各有差异。表征着各地方、各民族丰厚的历史文化信息以及对外交流学习的演变历程，见证与记载着各历史时期人们物质文化、精神文化生活的方方面面。居住民俗充分地反映了当地居民的文化习俗，融入地方性的自然生态环境之中，表现出地域的民族、文化、传统和社会习俗等诸多要素，具有很高的文化品位。

我国传统建筑民居具有极大的旅游价值，它不仅是重要的观光资源，同时作为旅游者的行为的必然要素，时时渗入旅游活动，引导着旅游者去发掘地域独特的传统文化。无论在繁华的城市或偏僻的乡村，民居建筑都因地制宜，深深地扎根于民间，世代相沿，源远流长，它们广泛地集中了民间的传统建筑经验，强烈地显示了各地的地方特色、文化特征。其中，千差万别、瑰丽多姿的民居建筑以及丰富多彩的居家装饰和陈设，成为旅游资源中的一份宝贵财富。侗族建筑是最有特色的侗族文化。侗族喜聚居，少的十几户、几十户，多则几百户、上千户住在一起，都是清一色的木质"杆栏式"吊脚楼，形成一个个依山傍水的村落。这些侗族村落不论是山脊型、山麓型，还是坪坝型，大多因地势而建，层层延伸、错落有致，充分体现了侗族"天人合一"的观念。所有这些建筑全用杉木船榫构筑，不用一钉一铆，充分反映了侗族人民擅长于木构建筑的特点和相当高的工艺水平，其精湛的工艺，优美的造型，独特的风格，既符合美学规律，又有很高的艺术欣赏价值。例如通道侗族自治县享有盛誉的"百里侗文化长廊"，就有堪称侗族建筑艺术杰出代表的鼓楼163座、寨门61座、福桥71座、吊脚楼民居13000多幢、村寨之间驿道上的凉亭156座，形成了一个较大的古村落群。并且，其中的马田鼓楼、芋头侗寨古建筑群、平坦河风雨桥（共9座桥）已经列为国家重点文物保护单位，横岭鼓楼、阳烂寨门已列为湖南省重点文物保护单位。可以这样说，每一个侗族村寨，就是一个侗族建筑的实物博物馆。

居住民俗背后所蕴涵的深厚地域文化对游客具有强大的吸引力。通过观赏与亲自体验来认识居住背后的地域文化是旅游者的一种普遍需求。很多的居住民俗体现了很高的艺术性。建筑民居是旅游活动中不可或缺的内容，与旅游活动联系紧密，具有相当重要的旅游价值。通过对居住民俗接触，人们会发现了解更多的地域民俗风情，会获得更大的旅游感受。通过对地域居住民俗的切身体验，人们会进一步深化对地域文化的认知，提升旅游的层次和境界。

明清以来，四川所形成的古镇有4100余座。由于没有村庄，四川汉区农家皆是散户零星居住，古镇汇聚街市、场镇、聚落、商埠、水陆码头、庙宇祠堂、会馆书院等一体，人文内涵极其丰厚，如此规模和特色，全国绝无仅有。

四川古镇浸透了千年巴风蜀韵，处处是耕读社会的缩影，满眼人文经典和民俗瑰宝，具有很高的价值。包括文化价值、历史研究价值、观赏价值、审美价值、科考价值和休闲价值，等等。

四川古镇价值高，旅游资源丰富，旅游开发十分看好。2002年四川省旅游局推出了双流黄龙溪、宜宾李庄、阆中古城、雅安上里、合江佛宝、理县桃坪羌寨、丹巴嘉绒藏寨、广元昭化、大邑安仁、盐源泸沽湖镇"十大古镇之旅"，当年就取得了突出成绩。2002年"十一"黄金周宜宾市李庄镇，接待游客12000多人次，旅游收入超过50万元。千年古镇一下子"火"了起来。阿坝桃坪古羌寨是古镇旅游新亮点，各地游客因此在阿坝的旅游时间大大延长。国家历史文化名城阆中，接待各地旅游团队120个，游客达62000多人次，旅游总收入2000万元。

第七章　农村饮食文化资源

第一节　农村饮食文化

一、饮食文化的概念与内涵

饮食文化又称食文化、食品文化、饮馔文化、烹饪文化、厨艺文化、餐饮文化、美食文化或膳食养生文化。它是指食物原料开发利用、食品制作和饮食消费过程中的技术、科学、艺术，以及以饮食为基础的习俗、传统、思想和哲学，即由人们食生产和食生活的方式、过程、功能等结构组合而成的全部食事的总和。

农村饮食文化是在农村中发展起来的饮食文化，农村的饮食文化是我国传统饮食文化中的重要内容。

在我国传统文化教育中的阴阳五行哲学思想、儒家伦理道德观念、中医营养摄生学说，还有在文化艺术成就、饮食审美风尚、民族性格特征等诸多因素的影响下，形成博大精深的农村饮食文化。华夏农民的饮食生活体现了传统文化的特性，研究我国农民的饮食生活不仅是研究农村文化的必要的组成部分，甚至可以成为研究我国传统文化的一把钥匙。

从历史沿革看，农村饮食文化绵延千万年，分为生食、熟食、自然烹饪、科学烹饪 4 个发展阶段，推出 6 万多种传统菜点、2 万多种工业食品、五光十色的筵宴和流光溢彩的风味流派，获得"烹饪王国"的美誉。

从内涵上看，农村饮食文化涉及食源的开发与利用、食具的运用与创新、食品的生产与消费、餐饮的服务与接待、餐饮业与食品业的经营与管理，以及饮食与国泰民安、饮食与文学艺术、饮食与人生境界的关系等，深厚广博。

从外延看，农村饮食文化可以从时代与技法、地域与经济、民族与宗教、食品与食具、消费与层次、民俗与功能等多种角度进行分类，展示出不同的文化品位，体现出不同的使用价值，异彩纷呈。

从特质看，农村饮食文化突出养助益充的营卫论（素食为主，重视药膳和进补），并且讲究"色、香、味"俱全。五味调和的境界说（风味鲜明，适口者珍，有"舌头菜"之誉），奇正互变的烹调法（厨规为本，灵活变通），畅神怡情的美食观（文质彬彬，寓教于食）等四大属性，有着不同于海外各国饮食文化的鲜明特色。

从影响看，农村饮食文化直接影响到日本、蒙古、朝鲜、韩国、泰国、新加坡等国家，是东方饮食文化圈的轴心；与此同时，它还间接影响到欧洲、美洲、非洲和大洋洲，像我国的素食文化、茶文化、酱醋、面食、药膳、陶瓷餐具和大豆等，都惠及全世界数十亿人。

总之，农村饮食文化是一种广视野、深层次、多角度、高品位的悠久区域文化；是中华各族人民在千万年的生产和生活实践中，在食源开发、食具研制、食品调理、营养保健和饮食审美等方面创造、积累并影响周边国家和世界的物质财富及精神财富。

二、农村饮食文化的特点

中华饮食文化博大精深、源远流长，在世界上享有很高的声誉。中国人讲吃，不仅仅是一日三餐，解渴充饥，它往往蕴涵着中国人认识事物、理解事物的哲理，一个小孩子生下来，亲友要吃红蛋表示喜庆。"蛋"表示着生命的延续，"吃蛋"寄寓着中国人传宗接代的厚望。孩子周岁时要"吃"，十八岁时要"吃"，结婚时要"吃"，到了六十大寿，更要觥筹交错地庆贺一番。这种"吃"，表面上看是一种生理满足，但实际上"醉翁之意不在酒"，它借"吃"这种形式表达了一种丰富的心理内涵。吃的文化已经超越了"吃"本身，获得了更为深刻的社会意义。

如今，通过中西交流，我们的饮食文化又出现了新的时代特色。如在色、香、味、形外又讲究营养，就是一种时代进步。十大碗八大盘的做法得到了改革，这也是十分可喜的。但是，中华饮食文化在与世界各国文化碰撞中，应该有一个坚固的支点，这样它才能在博采众长的过程中得到完善和发展，保持不衰的生命力。这个支点就是优秀传统文化的特质，也就是中华饮食文化需要探索的基本内涵。中华饮食文化就其深层内涵来讲，可以概括成四个字：精、美、情、礼。这四个字，反映了饮食活动过程中饮食品质、审美体验、情感活动、社会功能等所包含的独特文化意蕴，也反映了饮食文化与中华优秀传统文化的密切联系。

精。是对中华饮食文化的内在品质的概括。孔子说过："食不厌精，脍不厌细"。这反映了先民对于饮食的精品意识。当然，这可能仅仅局限于某些贵族阶层。但是，这种精品意识作为一种文化精神，却越来越广泛、越来越深入地渗透、贯彻到整个饮食活动过程中。选料、烹调、配伍乃至饮食环境，都体现着一个"精"字。

美。体现了饮食文化的审美特征。中华饮食之所以能够征服世界，重要原因之一，就在于它美。这种美，是指中国饮食活动形式与内容的完美统一，是指它给人们所带来的审美愉悦和精神享受。首先是味道美。孙中山先生讲"辨味不精，则烹调之术不妙"，将对"味"的审美视作烹调的第一要义。《晏氏春秋》中说："和如羹焉。水火醯醢盐梅以烹鱼肉，燀之以薪，宰夫和之，齐之以味。"讲的也是这个意思。

美作为饮食文化的一个基本内涵，它是中华饮食的魅力之所在，美贯穿在饮食活动的每一个环节中。

情。是对中华饮食文化社会心理功能的概括。吃吃喝喝，不能简单视之，它实际上是人与人之间情感交流的媒介，是一种别

开生面的社交活动。一边吃饭，一边聊天，可以做生意、交流信息、采访。朋友离合，送往迎来，人们都习惯于在饭桌上表达惜别或欢迎的心情，感情上的风波，人们也往往借酒菜平息。这是饮食活动对于社会心理的调节功能。过去的茶馆，大家坐下来喝茶、听书、摆龙门阵或者发泄对朝廷的不满，实在是一种极好的心理按摩。

中华饮食之所以具有"抒情"功能，是因为"饮德食和、万邦同乐"的哲学思想和由此而出现的具有民族特点的饮食方式。

对于饮食活动中的情感文化，有个引导和提升品位的问题。我们要提倡健康优美、奋发向上的文化情调，追求一种高尚的情操。

礼。是指饮食活动的礼仪性。中国饮食讲究"礼"，这与我们的传统文化有很大关系。生老病死、送往迎来、祭神敬祖都是礼。《礼记·礼运》中说："夫礼之初，始诸饮食。""三礼"中几乎没有一页不曾提到祭祀中的酒和食物。礼指一种秩序和规范。坐席的方向、箸匙的排列、上菜的次序……都体现着"礼"。

我们谈"礼"，不要简单地将它看成一种礼仪，而应该将它理解成一种精神，一种内在的伦理精神。这种"礼"的精神，贯穿在饮食活动过程中，从而构成中国饮食文明的逻辑起点。

精、美、情、礼，分别从不同的角度概括了中华饮食文化的基本内涵，这四个方面有机地构成了中华饮食文化这个整体概念。精与美侧重于饮食的形象和品质，而情与礼，则侧重于饮食的心态、习俗和社会功能。但是，它们不是孤立地存在，而是相互依存、互为因果的。唯其"精"，才能有完整的"美"；唯其"美"才能激发"情"；唯有"情"，才能有合乎时代风尚的"礼"。四者环环相生、完美统一，便形成中华饮食文化的最高境界。我们只有准确地把握"精、美、情、礼"，才能深刻地理解中华饮食文化，也才能更好地继承和弘扬中华饮食文化。

三、农村饮食文化的多样性

第一，风味多样。由于我国农村地大物博，各地气候、物产、风俗习惯都存在着差异，长期以来，在饮食上也就形成了许多风味。我国一直就有"南米北面"的说法，口味上有"南甜北咸东酸西辣"之分，主要是巴蜀、齐鲁、淮扬、粤闽四大风味。

第二，四季有别。一年四季，按季节而吃，是我国烹饪又一大特征。自古以来，我国农村饮食一直按季节变化来调味、配伍，冬天味醇浓厚，夏天清淡凉爽；冬天多炖焖煨，夏天多凉拌冷冻。

古代的中国人特别强调进食与宇宙节律协调同步，春夏秋冬、朝夕晦明要吃不同性质的食物，甚至加工烹饪食物也要考虑到季节、气候等因素。这些思想早在先秦就已经形成，在《礼记·月令》就有明确的记载，而且反对颠倒季节，如春"行夏令""行秋令""行冬令"，则必有天殃；当然也反对食用反季节食品，孔子说的"不时不食"，包含有两重意思：一是定时吃饭；二是不吃反季节食品。西汉时，皇宫中便开始用温室种植"葱韭菜菇"，西晋富翁石崇家也有暖棚。这种强调适应宇宙节律的思想意识的确是华夏饮食文化所独有的。

第三，讲究美感。农村饮食的烹饪，不仅技术精湛，而且有讲究菜肴美感的传统，注意食物的色、香、味、形、器的协调一致。对菜肴美感的表现是多方面的，无论是一个红萝卜，还是一个白菜心，都可以雕出各种造型，独树一帜，达到色、香、味、形、美的和谐统一，给人以精神和物质高度统一的特殊享受。

第四，注重情趣。农村饮食很早就注重品味情趣，不仅对饭菜点心的色、香、味有严格的要求，而且对它们的命名、品味的方式、进餐时的节奏、娱乐的穿插等都有一定的要求。中国菜肴的名称可以说出神入化、雅俗共赏。菜肴名称既有根据主、辅、调料及烹调方法的写实命名，也有根据历史掌故、神话传说、名人食趣、菜肴形象来命名的，如"全家福"、"将军过桥"、"狮子头"、"叫化鸡"、"龙凤呈祥"、"鸿门宴"、"东坡肉"……

第五，食医结合。我国的烹饪技术，与医疗保健有密切的联系，在几千年前有"医食同源"和"药膳同功"的说法，利用食物原料的药用价值，做成各种美味佳肴，达到对某些疾病防治的目的。

第二节　各地农村传统饮食文化与特色

一、古朴粗犷的西北食风

西北地区史称"西陲"或"回疆"，与其他地区相比，西北一带的食风显得古朴、粗犷、自然、厚实。其主食是玉米与小麦并重，也吃其他杂粮，小米饭香甜，油茶脍炙人口，黑米粥、槐花蒸面与黄桂柿子馍更独具风情，牛羊肉泡馍名闻全国。家常食馔多为汤面辅以蒸馍、烙饼或是芋豆小吃，粗料精作，花样繁多，农妇们也有"一面百样吃"、"七十二餐饭食天天新"的本领。受气候环境和耕作习惯限制，食用青菜甚少，农家用膳常是饭碗大而菜碟小，一年四季有油泼辣子、细盐、浆水（用老菜叶泡制的醋汁）和蒜瓣亦足矣。如有客人造访或宰羊，或杀鸡，或炒几碟肉丝、鸡蛋、苜蓿，擀细面，蒸白馍，也相当丰盛。

该地区主要是少数民族，除俄罗斯、锡伯、裕固、土等四族之外，都严格遵循伊斯兰教的食规，"禁血生，忌外荤"，不吃肮脏、丑恶、可憎的动物的血液，过"斋月"，故而清真风味的菜点占据主导地位。在陇海铁路沿线和大小镇集中，星罗棋布地缀满穆斯林饮食店，多达数十万家。更值得称赞的是，回、维等10个信奉伊斯兰教的民族，虽以"清真"为本，饮食上有清规戒律，但对民族食俗又表现得很豁达，还帮助汉民制作牛羊菜和油香。同样，汉族也十分尊重穆斯林的宗教感情，在饮食上自觉

"回避"，并支持他们过"斋月"、欢庆三个大节。

在肴馔风味上，西北地区的肉食以羊、鸡为大宗，间有山珍野菌，淡水鱼和海鲜甚少，果蔬菜式亦不多。其技法多为烤、煮、烧、烩，嗜酸辛，重鲜咸，喜爱酥烂香浓。配菜时突出主料，"吃肉要见肉，吃鱼要见鱼"，强调生熟分开、冷热分开、甜咸分开，尽量互不干扰。在菜型上，也不喜欢过分雕琢，追求自然的真趣；注重饮食卫生，厨房和餐具洁净。汉民爱饮白酒，穆斯林一般不饮酒，多喝花茶、红茶与奶茶，还有牛羊马奶；习抽莫合烟与旱烟；常在庭院中或草地上铺放白布席地围坐就餐，自带餐刀，有抓食的遗风。

西北地区名食众多，不少带有历史的烟尘，相当古老。像陕西的葫芦鸡、商芝肉、金钱发菜、带把肘子、牛羊肉泡馍、石子馍、甑糕、油泼面、"仿唐宴"和"饺子宴"；甘肃的百合鸡丝、清蒸鸽子鱼、兰州烤猪、手抓羊肉、牛肉拉面、泡儿油糕、一捆柴、高担羊肉、"巩昌十二体"和"金鲤席"；青海的虫草雪鸡、蜂尔里脊、人参羊筋、糖醋湟鱼、锅馍、甜醅、马杂碎、羊肉炒面片等，此外，西凤酒、黄桂稠酒、当归酒、陇南春、伊犁特曲、枸杞酒、白葡萄酒、紫阳茶、奶茶、三炮台八宝茶、参茸茶；黑米饮料和哈密瓜汁，也都驰誉一方。

在饮食习惯上，当地人夏季爱冷食，冬季重进补，待客情意真，筵宴时间长，经常有歌舞器乐助兴，一家治宴百家忙，绝不怠慢进门人。哈萨克族谚语："如果在太阳落山的时候放走了客人，那就是跳进大河也洗不清的耻辱"，就是一个生动的例证。《中华风俗·新疆》还记载："回民宴客，总以多杀牲畜为敬，驼、牛、马均为上品，羊或数百只。各色瓜果、冰糖、塔儿糖、油香，以及烧煮各肉、大饼、小点、烹饪、蒸饭之属，贮以锡铜木盘，纷纭前列，听便前列，听便取食。乐器杂奏，歌舞喧哗，群回拍手以应其节，总以极欢为度。""所陈食品，客或散给于人，或罢宴携之而去，则主人大喜，以为尽欢。"这是清代的风尚，至今仍无大改变。

二、庄重大方的华北食风

华北地区民风俭朴，饮食不尚奢华，讲求实惠；食风庄重、大方，素有"堂堂正正不走偏锋"的评语。多数城乡一日三餐，面食为主，小麦与杂粮间吃，偶有大米。馒头、烙饼、面条、饺子、窝窝头、玉米粥等是其常餐。这里的面食卓有创造，日本汉学家早有"世界面食在中国、中国面食在华北、华北面食在山西、山西面食在太原"的美誉。它不仅有抻面、刀削面、小刀面、拨鱼面"四大名面"，不仅有形神飞腾、吉祥和乐的像生"礼馍"；而且家庭主妇都有"三百六十天、餐餐面饭不重样"的本领，京、津、鲁、豫的面制品小吃和蒙古族的奶面制品，无不令人大快朵颐。这一带农村盛面习用特大号"捞碗"（可容200～300克干面条），人手一碗，指缝间夹上饼馍或葱蒜，习惯于在村中心的"饭场"上多人围蹲就食，边吃边拉家常，或互通信息，或洽谈事务，或说笑聊天，形成特异的风景线。

以前，华北地区蔬菜不是太多，食用量亦少，但来客必备鲜菜，过冬有"贮菜"习惯，农户普遍挖有菜窖。肉品中，元代重羊，清代重猪，而今是猪、羊、鸡、鸭并举，还吃山兽飞禽，这与封建王朝的更迭和"首善之区"的环境相关。水产品中淡水鱼鲜较少，主产于黄河与白洋淀，看得比较贵重；海水鱼鲜较多，有"吃鱼吃虾、天津为家"、"青岛烟台、海鱼滚滚而来"等说法。天津的"虾席"、秦皇岛的"蟹席"、青岛的"渔家宴"，都是令老饕垂涎的。

华北地区的珍馐佳肴自成系列，20世纪90年代以来"集四海之珍奇"的北京也有"新食都"之誉。在菜肴方面，北京有烤鸭、涮羊肉、三元牛头、罗汉大虾、潘鱼和八宝豆腐；天津有玛瑙野鸭、官烧比目、参唇汤和锅巴菜；内蒙古有扒驼蹄、奶豆腐两吃、清炒驼峰丝和烤羊腿；河北有金毛狮子鱼和改刀肉；河南有软熘黄河鲤鱼焙面、铁锅蛋、试量集狗肉和道口烧鸡；山东有葱烧海参、脱骨扒鸡、九转大肠、清汤燕菜、奶油鸡脯、青州全蝎和原壳鲍鱼；山西有过油肉、五香驴肉和金钱台蘑等。

在小吃方面，北京有小窝头、芸豆卷、豆汁、龙须面、爆肚和炒疙瘩；天津有狗不理包子、十八街麻花、驴打滚和耳朵眼炸糕；内蒙古有哈达饼和奶炒米；河北有一篓油水饺、金丝杂面、杠打面和杏仁茶；河南有油菜、贡馍、羊肉辣汤和小菜盒；山东有福山拉面、伊府面、状元饼和潍坊朝天锅；山西有刀削面、头脑、拨鱼儿和十八罗汉面等。

三、广博新异的中南食风

中南地区史称"湖广"和"南粤"；中南地区的主食多系大米，部分山区兼食番薯、木薯、蕉芋、土豆、玉米、大麦、小麦、高粱或杂豆。鄂、湘、闽、台、粤、港的小吃均以精巧多变取胜，在全国各占一席之地；壮、黎、瑶、畲、土家、毛南、仫佬等族善于制作粉丝、粽粑和竹筒饭，京族习惯于用鱼露调羹，高山族用大米、小米、芋头、香蕉混合饮更见特色。中南人的食性普遍偏杂，有"天上飞的除了飞机，水上游的除了轮船，地上站的除了板凳，什么都吃"的夸张说法。由于"花草蛇虫，皆为珍料，飞禽走兽，可成佳肴"，所以该区的居民几乎不忌嘴，烹调选料广博为全国所罕见。

在膳食结构中，每天必食新鲜蔬菜，肉品所占的份额较高，不仅爱吃禽畜野味，淡水鱼和生猛海鲜的食用量都位居全国前列，所以饮食开支相当大，饭菜质量高，烹调审美能力亦强。制菜习用蒸、煨、煎、炒、煲、糟、拌诸法，湘鄂两省喜好酸辣甜苦辣，其他省区偏重清淡鲜美，以爽口、开胃、利齿、畅神为佳。

本地区名食众多，其中不少享誉华夏。如湖北的清蒸武昌鱼、红烧鲷鱼、排骨煨炒腊肉、珊瑚鳜鱼、冬瓜鳖裙羹，排骨煨藕汤、三鲜豆皮、荆州八宝饭、东坡饼、四季美汤包；湖南的组庵鱼翅、腊味合蒸、发丝牛百叶、红椒酿肉、五元神仙鸡、火宫殿臭豆腐、牛肉米粉、团馓；福建的佛跳墙、太极芋泥、淡糟香螺片、芙蓉鲟、土笋冻、鼎边糊、蛎蝎酥；广东的沙河粉、艇仔粥、云吞面；广西的纸包鸡、南宁狗肉、马蹄炖北菇、银耳炖山甲、马肉米粉、尼姑面、蛤蚧粥等。

四、豪爽大度的东北食风

东北物产丰富，烹调原料门类齐全。人们称它"北有粮仓，南有渔场，西有畜群，东有果园，"一年四季食不愁。

该地区日习三餐，杂粮和米麦兼备，一"黏"二"凉"的粘豆包和高粱米饭最具特色。主食还爱吃窝窝头、虾馅饺子、蜂糕、冷面、药饭、豆粥和黑、白大面包；以馇馇和萨其玛为代表的满族茶点曾是《满汉菩翅烧烤全席》中的重要组成部分，名重一时。蔬菜则以白菜、黄瓜、西红柿、土豆、粉条、菌耳为主，近年来大量引种和采购南北时令细菜，市场供应充裕。肉品中爱吃白肉、鱼虾蟹蚌和野味，嗜肥浓，喜腥鲜，口味重油偏咸。制菜习用豆油与葱蒜或是紧烧、慢熬，用火很足，使其酥烂入味；或是盐渍、生拌，只调不烹，取其酸脆甘香。因为气候严寒，居家饮膳重视火锅，"白肉火锅"、"野味火锅"等颇有名气，在清宫盛极一时。

喝花茶爱加白糖，还有桦树汁、人参茶和汤岗矿泉水；抽水烟或关东烟；尤爱白酒与啤酒，饮啤酒常是论"扎"、论"瓶"、论"提"（一提为 8 瓶），酒量惊人。受俄罗斯的食风影响，好友相聚，常以大红肠、扒鸡、花生米佐酒。由于清代山东人"闯关东"的较多，鲁菜在这里有较大的市场，不少名店均系山东人所开设或由鲁菜的传人掌作。

在民族菜中，朝鲜族和满族的烹调水平较高。前者的"三生"（生拌、生渍、生烤）、牛肉菜、狗肉菜、海鱼菜和泡腌菜；

后者的阿玛尊肉、白肉血肠、白菜包、芥末墩和苏叶饽饽，均有浓郁民族风情。清真菜在此亦有口碑，"全羊席"和"国民面摊脍"脍炙人口。至于蒙古族的"白食"和"红食"，鄂伦春族的"狍子宴"和"老考太黏粥"，赫哲族的"鳇鱼全席"和"稠李子饼"，鄂温克族的"烤犴肉"和"驯鹿奶"，达斡尔族的"手把肉"和"稷子米饭"，也都是民族美食廊中的精品，令人齿颊留芳。

东北地区的小吃类有萨其玛、马家烧麦、熏肉大饼、老边饺子、参茸馄饨、稷子米饼、冷面、打糕、豆馅饺子、海城老山记馅饼、馨香灌肠肉、刨花鱼片、松塔麻花、焖子、苹果梨泡菜、辣酱南沙参等。

东北人对饮食的要求是丰盛、大方，以多为敬，以名为好；喜欢迎宾宴客，豪爽、质朴、热诚、潇洒；性情如长白红松般刚直，襟怀如松辽平原般坦荡。"小鸡炖蘑菇"、"白肉熬粉条"、"松仁炒玉米"、"鸡丝拌拉皮"那么几道家常菜，凝聚着东北烹饪的深厚功力，闪射出"白山黑水"的夺目光彩。

第三节 农村饮食文化资源开发模式与经营管理

当前，各地农村都在积极建设有特色的农家乐旅游，而在农家乐中最受人们欢迎的就是农家菜，很多人们都是为品尝正宗的农家菜才去进行农家乐的旅游，可见人们对农家菜的喜爱程度，这也说明了农村饮食文化在我国饮食文化中占有重要的位置。以下以各地农家菜经营情况为例，解析农村饮食文化产业的开发。

一、农家乐与农家菜

"农家乐"顾名思义就是久居城市的居民到农村农家大院休闲娱乐。"农家乐"大多是城市郊区或郊县的农民结合自己的种植、养殖，如葡萄、果木、花卉、鱼塘等，同时对庭院加以修饰改造，再利用院坝、小溪、水池营造出或小桥流水，或花鸟虫鱼的田园美景。游客至此，赏田园风光，闻泥土芳香，品农家风味，观民风民俗，真可谓其乐无穷。作为传统农业和现代农业的结合，农家乐充分使人得以回眸传统社会农家生活的自然乐趣，传统农业精耕细作的劳动技能，又能展望到市场化、产业化和具有科技含量的现代农业的巨大潜力。这个结合点，充分体现了我国农业发展到现阶段的复杂特点。

"农家乐"旅游的雏形来自于国内外的乡村旅游，并将国内特有的乡村景观、民风民俗等融为一体，因而具有鲜明的乡土烙印。同时，它也是人们旅游需求多样化、闲暇时间不断增多、生活水平逐渐提高和"文明病"、"城市病"加剧的必然产物，是旅游产品从观光层次向较高的度假休闲层次转化的典型例子。

乡村旅游在国外已有 30 多年的历史，开展得比较成功的多是一些欧美发达国家。20 世纪 60 年代初，当时的旅游大国西班牙把乡村的城堡进行一定的装修改造成为饭店，用以留宿过往客人，这种饭店称为"帕莱多国营客栈"；同时，把大农场、庄园进行规划建设，提供徒步旅游、骑马、滑翔、登山、漂流、参加农事活动等项目，从而开创了世界乡村旅游的先河。以后，乡村旅游在美国、法国、波兰、日本等国家得到倡导和大发展。目前，法国有 1.6 万多户农家建立了家庭旅馆，推出农庄旅游，全国 33% 的游人选择了乡村度假，乡村旅游每年接待游客 200 万，能给农民带来 700 亿法郎的收入，相当于全国旅游收入的 1/4。在欧美国家，乡村旅游已具有相当规模，并已走上了规范化发展的轨道，显示出极强的生命力和巨大的发展潜力。

农家菜和农家乐是相辅相成的，近年来农家游的风生水起，使得吃农家饭、住农家屋成了农家乐的主要载体之一。农家菜，为旅游景点平添了一道"风景"，带动了整个景区点，乃至周边地区的旅游餐饮，极大地促进了农村旅游的发展。

所谓农家菜，其特色无外乎制作的材料取自于田园的土特产，制作的手艺为农家手艺，食物的味道为淳朴厚重的乡村口味。正如一家菜馆的楹联所写：乡村口味乡村待，农家手艺农家菜。

吃农家菜，讲究农家菜的鲜和素，追捧绿色食品，健康养生的饮食。"鲜"，是指来自于农村田园的做菜原料都是新鲜的，不仅仅是蔬菜、野菜，也包括肉蛋鱼虾。菜是从农村乡间纯天然生长没有污染的园地蔬菜和山野菜，肉片是当天屠宰的猪肉，鸡肉、鸭肉是农村饲养的柴鸡、土鸭现杀的，鱼类菜不仅限于现宰的活鱼，更有从山河里捕捉的小鱼、银虾、螃蟹等河鲜。这样的原料做出来的菜吃起来味道纯正，鲜味十足。"素"，是指少量的家常素菜和去掉了多余油脂的菜。如清炸野菜、烩锅菜、水煮豆腐、清炖鱼、鸡炖粉皮、猪蹄冻、凉拌马齿苋、清醋藕……席间再来一份少许的菜豆腐，换换口味细细来品尝，吃点多纤维的涮涮肠，吃点清淡的减减肥，在质朴美味中放心地吃出健康来。

吃农家菜，讲究农家菜的手艺和美味。"农家菜肴盘盘清新可口，食府手艺样样叫人动心"。农家菜迎合了食者的饮食习惯，使食者享用了这次盼下次。农家菜虽然不大讲究刀功和配菜的精细花样，但制作农家菜的手艺却是响当当的，炖炒的火候以及作料的配方是相当讲究的，的确有独到的特色。"嘴吃东西南北天下菜，勺烹酸甜苦辣咸香鲜"，不这样，就做不出人们向往的美味来，店里就不会有众多宾客。美食风味都是源于美食配方食在民间，材料取自田园烹于各店。

吃农家菜，图个农家菜的实惠和实在。"无山珍无海味图个实在，农家院农家菜实实在在"。食农家菜者，大都是"养家糊口"之人，奔着"实"字号的农家饭桌而来品尝向往的美味，"吃多吃少都是客以诚待客，面生面熟皆为宾奉作上宾"，"以实为本，多多少少赚几个小钱，薄利广收，实实在在为顾客服务"，食者为重，待如"上帝"，"饥有菜肴醉有酒件件随心，冷添开水热添茶般般适合"，只有这样，才能把农家菜馆办成菜美价廉吃得实在的好去处。

吃农家菜，还贪图感受一下农家气息和氛围，放松一下心情。"谈乡俗议乡事喜设宴席，品家菜饮家酒常进食府"，"起早贪黑不忘聚上一回，走南闯北眷恋农家菜美"。从店名到室内外装饰，一派别味风情的农家气氛，踏进店门，仿佛嗅到芳香的乡土气息。什么"绿色食府"、"农菜部落"、"五谷丰登"、"庄里庄香"等，让人们在品尝向往的农家美食风味中体验农家生活，领略浓郁的乡土风情。

二、特色农家菜开发与经营

（一）"八八"席

"八八"席，算得上是延庆有名的传统民间喜宴了。过去在结婚、过节等喜庆节日里才能够吃到的美食，如今在延庆大大小小各具特色的民俗村里，可以随时品尝。延庆"八八"席的起源要追溯到明清时期，满汉两族人民喜庆婚宴、开业庆典表示对宾客的盛情款待，开设"八八"席。延庆人民在满汉全席的基础上，提取其传统精华，加之现代特色，使"八八"席更加别具风味，它是延庆县乃至全国独一无二，有浓厚地方特色风味的宴席。

"八八"席饭菜花样多，食品丰富；礼节周密，程序固定；器皿精美，赏心悦目，又被称为民间的"满汉全席"。"八八"席以9个压桌碟、8个小碗菜、8个大碗菜而著称。9个压桌碟，即：3个干果碟、3个鲜果碟、3个荤菜（熟食）碟，象征着九九归一，一家人"九压桌"；8个小碗菜有冷有热，意味一家人相互知冷知热；8个大碗以蒸、炖、炸、煮的做法请上宴席，寓意一家人大团圆、大发财。

"八八"席这个名字就透着吉利，而且每道菜都有不小的说头，全都是大家爱听的吉利话。比如，猪肝、猪耳朵、菜肠等

凉菜，合起来叫做"心肝宝贝"，又称"干干净净"。八大碗中的肉墩、肉条取敦敦实实、风调雨顺之意。八小碗、八大碗又称四平八稳。真是吃在嘴里欢心，听到耳里舒心。

"八八"席上所有的菜都是地道的农家菜，但菜谱并不是一成不变，厨师会根据季节的变化而略有改变，讲究荤素搭配、营养配餐，透着朴实和憨厚。虽然如今要吃到这"八八"席已非难事，但这其中的农家情、民俗味却让人品不尽、道不完。

（二）"臭"鳜鱼

风景秀丽的黄山闻名天下，黄山"臭"鳜鱼也以其独特的风味充满魅力。"腌鲜鳜鱼"原名"屯溪鳜鱼"，又名"臭实鲜"、"臭鳜鱼"等。鳜鱼，原产于长江，每年重阳节到次年清明节为盛产期。相传200年前，一些商贩每年入冬就将长江所产名贵鳜鱼，以木桶装运至山区出售，为防止鲜鱼变质，采用一层鱼、一层酒、一层盐水的贮存办法，并定时上下翻动，待鲜鱼运至屯溪等地后，鳃仍红，质未变。经油煎，小火细烧，似臭实香，咸鲜味美，脍炙人口，流传久远，至今盛誉不变，是安徽的传统名菜之一。古往今来，许多来黄山旅游的客人都慕名前来品尝此肴，尝后都为有如此美味而赞不绝口。黄山游客若是不品尝"臭"鳜鱼，实为憾事。

（三）火盆锅上豆腐宴

在京郊众多乡村旅游品牌当中，延庆县井庄镇柳沟村的火盆锅豆腐宴可以称得上著名旅游品牌了。村里一共87户接待户经营火盆锅豆腐宴，年接待游客50多万人次，旅游收入近千万元，收入百万元的接待户就有六七家。更让人没想到的是，这一特色美食的成名居然与一场传统的婚礼有很大关系。

火盆是我国北方农村旧时冬季取暖的器具，隆冬时节，在其上放一沙锅，加以白菜、豆腐、五花熏肉等，则成火盆锅。2003

年，柳沟村开始搞乡村旅游，有人建议开发火盆锅。"多少年没人用火盆了，怎么开发？"针对村民的意见，村支书王双林决定先打听打听。他听说河北赤城一些农村地区还有火盆，就同村里几个人翻山越岭去寻，最后他们背回来三个火盆，在三家接待户试着做了几次火盆锅豆腐，觉得味道还不错。于是，从当年11月开始，村里就主推火盆锅豆腐宴。

然而，效果并没有村支书预期的好，头一个月基本没有什么游客，到第二年春天也才有少量的游客。尽管他们的饭菜很有传统风味，而且也能通过口碑相传吸引越来越多的游客，但没什么名气。2005年4月的一天，一位清华大学的研究生给村支书打电话说，他在网上看到了他们村的火盆锅，想过来看看，如果好，就想在村里办一个传统的婚礼。不久，这个年轻人跟家人就来到柳沟村，看了几家旅游接待户后，就定在闫松英家里办婚礼，但他提出几个条件，村里得为新娘准备一顶轿子，为新郎准备一匹马，接待户三五天内不再接待其他游客。村支书跟闫松英商量说，接待他们吧，虽然少收入一些，可这是多好的一个宣传机会呀，缺什么村里帮着张罗。闫松英想通了，就忙活起来。为找一匹调教好的马，村支书跑到康西草原借了一匹，前后忙了20多天。

到5月4日这天，这对新人和家人在这个村办了一场传统婚礼，新郎穿长褂戴红花骑大马，新娘则坐花轿，一时间引来了众多电视、报纸纷纷报道这件事。柳沟村火盆锅豆腐宴也借着这次婚礼扬了名，市民纷纷前往品尝。当年，村里就接待游客20多万人。

第八章 农村传统工艺
文化资源

第一节 农村传统工艺

一、农村传统工艺的概念

农村传统工艺是指围绕民间手工艺生产的习俗惯制，包括人工制作的工艺品的传统方法、质料处理、行业信仰、手工艺人的师承关系、禁忌崇拜，以及工艺产品本身的民俗功能和含义。从其功能来看，可分为实用类工艺、欣赏类工艺、宗教类工艺。

农村传统工艺的手工形态是传统的自然经济、农耕社会的产物，也是与特定环境相适应的智慧的体现，民间传统工艺往往与各族人民的生产生活密切相关。在一个传统工艺活跃的年代，我们可以想象一个制作人和使用者和谐共处的气氛，那些产品、工艺品都是工艺者"手工"制作的作品，它不仅为人民提供了生活、生产的需要，更通过产品传递了人与人之间的一种关系，密切了社会成员之间的互动，是一定社会中人群交往的重要方式，一件工艺品就是一个民族历史与文化的缩影。那吱吱响着的古老纺织机、原始的牛力榨糖机、质朴的制陶技术、多样的造纸技术等等，无不包含一个民族特有的文化和历史以及透过这些工艺的操作及老艺人对其一生沧桑的描述，映射出一个民族的文化演绎过程。

二、农村传统工艺的特点

（一）一定程度的科技含量

民间工艺不是粗鄙的代名词，我们强调"手工"也并不表明这些工艺中没有科技的成分。以云南勐海县曼兴寨傣族中年男子岩拉用土法熬制樟脑为例，在砍伐樟树枝剥其叶子后，蒸煮时一般只装半桶樟树叶子，并在木桶上放置一铁锅，使其密封不让水汽溢漏，加水煮时待有水蒸气后，给锅上加冷水；数分钟后锅内再换冷水，当锅内水再次微温时即换冷水，几分钟后，取下此锅，用竹片仔细将锅底的白色片状晶体刮下，即获得樟脑。从中我们可以看出岩拉已经运用了冷却、析晶等方法获取樟脑。

另外，在傣族的土法造纸中，蒸煮构树皮时加入含碱性的灶灰，致使生产出的构皮纸吸水性、吸油性极强，纸质柔软匀细，洁白晶莹。而鹤庆龙珠白族竹纸在制作过程中，亦把竹捆和石灰一起放入木制的蒸煮锅中煮，使其碱化，然后在二次浸泡中保持锅中温度略高于常温，使其自然发酵，半个月后取出。

勐海县曼扎寨傣族制陶艺人玉陶使用脚踏慢轮塑坯。而西双版纳傣族至今仍使用的榨糖机就有三种类型，各有千秋，并且技术不断改进，据榨糖的老人讲如果牛多或用手扶拖拉机等动力，可以做"三柱曲齿"榨糖机，出糖率会更高。

（二）传承方式的单一性

以傣族为例，工艺通常是"传里不传外"，"传女不传男"。如制陶工艺、造纸技术皆为传女不传男。在曼嘎、曼扎、景乃、么粉四村的制陶工艺，都为妇女操作，很多人家都已做了"好几代"，一般母传女，代代相承，无一例外。而榨糖技术，则男女皆可操作。一般妇女承担砍甘蔗、煮甘蔗的工作，而男子则操作榨甘蔗杆的任务。榨糖机的制作技巧，只是父子相传。可以看出，继承者一般限于家庭内部。并且，这些工艺的学习，是通过口传、身教，靠自己边看边学，积累经验，可以说是在实践中练就的，也是一个用手去记忆的过程。

（三）与自然、生态相适应

传统民间工艺的取材反映出与自然和谐共处的特点。如傣族曼召寨用构树皮造纸，一般只砍构树的枝杈，原因是枝杈的皮柔软，又不影响构树来年发杈。而勐海县曼兴寨，森林资源丰富，每家每户都有山林承包地几亩或数十亩。寨人即用土法熬制樟脑，每年砍伐一次樟树枝，取其枝叶熬制樟脑。燃料大多使用杂草、木屑、秸秆等，一般原料就地取材。

（四）制作工艺的随意性和经验性

一代代艺人在承授工艺技能的过程中，不受时间、地点、方法的局限。他们根据各自不同的性格和素质成长为各自不同的人才。以制陶来说，除了师承制作的原料、技巧、方法等方面，在造型、大小及器形变化等方面充分发挥其想象力，可以说一件工艺品就是工艺者的一件作品。制陶时，在塑坯定形阴半干后，要用特殊标记的木板拍打泥坯，将花纹拍印于泥坯表面，这些花纹一方面是工艺者自主创新的过程；另一方面也是一个民族审美情趣的体现。熟练的工艺流程源于工艺者对工艺的诚挚热爱。看着工艺者专心投入于一件工艺品，就好像看到工艺者的一种人生意识，一种对待工作的态度。又如大理的蜡染工艺，一方面是工艺者内心的情趣；另一方面更是一个民族文化的浓缩。

（五）民间传统工艺的地区差异性

同一民族，不同地区同一种民间传统工艺亦有不同之处，反映出一种文化特质相互传递、彼此吸收的过程，也是民族文化再创造的过程，它表明技术的不断进步的趋势。勐海县曼扎寨制陶平地起烧，还属于出窑率较高的了。而在景乃村、么粉村的龙窑制陶技艺则陶器量大且质量好。龙窑这种方法密封好，无明火，温度稳定。最主要区别在于使用燃料不同：平地起烧使用木屑、杂草（甘蔗秆、叶和稻草），而龙窑多用橡胶树柴，也有用松木柴，燃烧时间长且充分，致使温度较高且稳定。不同民族在同一造纸工艺方面也存在差别，尤其是在取材、蒸煮和纸药方面。白族取材时不剥构树外皮，蒸煮次数也多，并用沙松树根为纸药。傣族在蒸煮构树皮时加入含碱性的灶灰，同时，剥弃了构树外皮。而白族制造竹纸的工艺与四川夹江制造竹纸的工艺相比，在竹料的处理方式、加碱方法、二次浸泡和冲碓的方法上都不同，说明白族对内地的造纸工艺有一定改进。

三、农村传统工艺的意义与作用

民间传统工艺是民族文化中的另类宝藏，是千百年来民族传承文化极具特色的部分，是本民族文化不可或缺的部分，民间工艺不仅丰富了民族生活，便利了民族生活，它更是民族文化的一种象征，从中我们可以窥见一个民族的生存方式、审美意蕴、生活态度及民族与自然和谐共处的场景，工艺的发展映射出民族的演变。工艺是民族物质文化象征的载体，它动态地演绎出一个民族的审美意蕴、价值取向、生活方式、思维模式、精神信仰和生存的境况。工艺又是同一个民族的自然环境和人文环境相适应的产物。保存民间传统工艺，就是保存了民族的象征，就是保存了民族的特色。它可供我们了解不同民族的风土民情、社会制度、礼仪风俗和文化特征，它又是研究一个民族物质、精神文明和造型艺术的重要依据，民间工艺具有不可再生性，一旦失去就很难复原。

民间工艺这种文化现象是伴随着人类文明的发展而产生的。民间工艺也是历史发展的见证，是和各个不同历史时期生产力的发展紧密地联系在一起，体现着物质生产技能前进的步履。民间工艺品正像原始艺术一样，始终在美化着人民群众的生活。由于民间传统工艺跟生活需要紧密联系，规模小，没有竞争压力，不受外力冲击，所以有一定生命力。民间传统工艺还可以再现历史，成为"活化石"，勾勒出历史上民族科技发展的历程。

民间工艺作为一种造型艺术，其造型千变万化，风格多彩纷呈，审美意识纯真；在形式上，它造型拙朴，构图简练，线条粗犷，色彩艳丽，形式多样，是民族文化的凝聚和精华。民间工艺是艺术与生产相统一，物质和精神相结合的产品，它既有艺术性，又有实用性；既是艺术作品，又是商品。它产生于民间，又服务于民间。民间工艺、技艺之精湛，品类之繁多，令人赞叹不已。如各少数民族的服饰和头饰、蜡染、大江南北的蓝印花布、劳动工具，以及节庆、礼仪时的纪念品等。这些工艺品无不流露出淳厚、率直、诚实、乐观的感情，表现出鲜明、艳丽、圆满、夸张的特点和浓郁的"土"气息。

每一工艺者质朴、简约的工艺流程在今天回归自然、以"手工"为时尚的潮流下又显新意。随着物质生活的明显改善和艺术鉴赏水平的不断提高，人们不追逐一般的人体感官上的满足，而是追求具有高层次的理性的艺术享受。在现代社会生活中，民间工艺品将越来越盛行，对于同一个产品，外观造型更具艺术性的将首先为人们所喜爱，而现代人的购物心理多以追求与众不同的产品为满足，特别是那些具有民族性和民间艺术传统特色的产品更加引人注目。随着都市化的发展，娱乐和休闲成为人们工作之外最重要的生活内容，在大都市中，我们发现出现了一些"陶吧"、"陶艺"之类，这可以说也是传统工艺传习的一种方式，另外像竹编、织布机、造纸等，都可以一边制作，一边授"徒"，人们可以参观，也可以动手制作，将自己的作品买去。民间工艺是使用者与劳动者之间相互联系的纽带，心灵沟通的桥梁，虽然传统工艺不再是为了实用，但在城市中以这样一种娱乐方式出现，也算是文化创新的内容。反映人们对于朴素和简约的一种怀念和肯定，民间工艺的直接功能已在历史变迁中隐去，剩下的是一种观念，一种思想，也是一种独特的将要彻底逝去的文化情怀。

第二节　农村传统工艺文化资源开发模式与经营管理

一、手工陶艺

陶艺是一门伴随人类进化成长的、既古老又现代的艺术，历经数千年，至今仍在不断地提高和发展。它包含造型设计、图案设计、现代美术、民间美术、书法艺术等多种学科知识，采用纯净柔和、可塑性强的天然陶土为载体，经过人们对其主观意识的艺术加工、造型，再经过高温烧制，成为各式各样的装饰陶艺、观念性陶艺等等，深受人们的喜爱。陶瓷艺术具有无穷的魅力。在大批量的工业产品快速发展、充斥市场的同时，传统的陶瓷艺术正受到消费者的青睐。从当前世界器皿市场的情况看，陶瓷器皿占据着金字塔的高端，显示出尊贵的本质，工业产品占据着金字塔的下端，显露出实用、价廉的特色。随着经济的不断发展，人们生活品质的不断提高，人们对器皿的要求绝不会仅限于盛物，对器皿艺术价值的追求与欣赏会成为主流。就像茶道不仅是为了解渴一样，精神的抚慰更显珍贵。现代陶艺是介于雕塑、绘画和建筑之间的一种新文化表达方式，是艺术家借助陶瓷材料，或以陶瓷材料为主要创作媒体，远离传统，表现现代人的理想、个性、情感心理、意识和审美价值的作品形式。

传统陶艺的基本特征是以实用和装饰为主，作品的外在形式蕴涵着传统文化的意蕴，在造型上以同心圆为主，含蓄而内敛，倾向批量生产，有统一的模式规定，主要是受他人所托制作，缺乏个性。在这一点上与现代陶艺是两个极端。中国传统陶艺特征并不能简单地由兵马俑、唐三彩等具有传统特色的形式符号代替。

（一）手工制作的独特魅力

返璞归真是现代人的精神向往，机器化大生产时代仍离不开手工生产的工艺。吃多了肉就想吃青菜，是很正常的，这应该很符合人的生理习惯和心理规律。工业机械化产品，缺乏人情味，实际上就是少了点对比美。当代社会，机器的大生产拉远了产品与人的距离，手工业的出现刚好可以弥补这一不足，一些民间手工艺的兴起，受到广大消费者的青睐就是一个很好的证明。在工业化初步发展阶段，人们对机器有一种前所未有的热忱，并十分迷恋和欣赏那些规整、实用的产业化生活器皿。但是随着物质文明的进步，人们文化修养、审美能力的提高，情感结构的多样化、复杂化以及人们的审美趋向会表现为对工业化大生产的产品的审美厌倦，而对纯手工的产品产生兴趣。纯手工陶艺制作，制作出来的东西在形式上具有多样性和单一性。这又满足了当代人们的个性审美要求。比如说陶艺碗可以生产家庭套装：三个一组（三口之家），每个碗的釉色造型都不一样，客人套装等也是每个碗的釉色造型都不一样。另外各种手工制作手法所流露出的韵味美和具有人情味的美是机械化生产的产品做不到的。所以，以手工艺为基础的工业化生产，就可能为这种满足个性化需求提供成套、成批的消费类工艺品。

（二）陶艺的前景

在手工类工艺品制作中，陶艺具有独特的魅力，它是精巧构思和设计制作以及火候变幻的偶然性的艺术品。

从釉色上来说，它的釉色变幻丰富，经久不变色。例如，唐三彩已经经过上千年的历史，色泽依然是那么的鲜艳夺目。再如，远古时代的陶器经过几千年的历史仍能保存得色泽很好就是一个最好的证明，况且它们还是烧的低温，要是现在的高温烧成那就更是经久不变色了。

从它的材质上来说，陶艺，是泥土加火的艺术，拉近了人与自然的距离，人们与生俱来对泥土和火就有一种情结，陶艺刚好是用泥土做原料，用火来烧成，满足了人们的这一心理需求。陶艺有人称之为火的艺术，火跟人的渊源，也是消费者喜欢陶瓷的一个市场亮点。

（三）手工陶艺的批量生产具有广阔的市场前景

单个人的生产制作已不能满足这个大众消费市场的需求了。但是毕竟是手工生产，怎么才能大批生产呢？这当然就需要大多数人的参与，才能形成大批量生产，从而来满足这个市场需求。现在手工陶艺的产品太少了，比如说纯手工的陶艺花瓶、茶具、酒具、咖啡具、烟缸、灯饰、陶台、陶凳、陶艺壁饰、陶瓷圆雕、陶瓷首饰、陶艺墙砖、陶艺地砖、陶艺家具、陶艺卫生洁具，等等，这个市场需求是多么的庞大。可能大部分人已形成一个思维定式就是：只有一些陶艺花瓶、陶艺壁饰等一小部分才可以手工生产，其实这是一个误区，为什么陶艺墙砖、陶艺地砖、陶艺家具、陶艺卫生洁具就不可以手工生产呢？难道地砖、家具、卫生洁具就是工业化生产的专利？显然不是。这些在国内外就是一个空白，所以说这又是一个很大的市场需求。

当然，陶艺家做一些纯艺术性的作品也是满足了一部分人的审美需要，但是这是远远不够的。我国是一个产瓷大国，陶瓷市场散布各地，但是经过仔细观察便会发现，不论是摆在高档货柜里的，还是摆在地摊上的陶瓷器，不外乎有两大类别：纯实用性的和纯艺术性的，很少发现既有生活实用性又有艺术品位的手工陶艺。既然绘画以一个纯视觉欣赏的艺术形式能形成一个较好的市场前景，手工陶艺更有理由不能被拒之于市场以外，因为手工陶艺既实用又可以视觉欣赏。可喜的是陶艺欣赏和使用已在国内的大部分城市普及起来，特别是在沿海城市的中小学发展得很快，内陆的城市也在开始陶艺的普及教育。种种迹象表明，手工陶艺大生产的发展前景已看到曙光了。

（四）手工陶艺产业的发展思路

1. 加大陶瓷艺术文化的宣传力度

我国是陶瓷文化艺术的发源地，瓷都景德镇可谓是家喻户晓，但陶瓷艺术经过几千年的历史发展到现在多元化形式之一的陶艺，还不为很多人所知。我国现代的陶艺还处于发展的初级阶段，接受的人文环境还很差，这种现象的转变不可忽略新闻媒体广告宣传的作用。在信息传播高速发展的当今社会，对陶瓷艺术的宣传却较为落后，接触陶瓷艺术知识机会较多的也只局限在为数较少的陶瓷产地或学校。陶艺在报纸、杂志、广播、电视以及网络等方面的宣传少之又少。这些问题也是陶艺界所关注的问题，陶艺要改变目前的人文接受环境，有赖于加强对陶瓷艺术进行一系列宣传，这样才能使现代陶艺成为家喻户晓的大众艺术。

2. 开展陶艺普及教育活动

陶艺的发展要依靠群体意识的产生，才能形成创作的高潮。我国的陶艺文化教育普及方面远不及欧美、日本、韩国等国家，他们把陶艺教育普及到了中小学甚至是幼儿园，而我国仅依靠为数不多的几所陶瓷专业院校和少量的制陶者，很难产生出优秀的群体及大众制陶的气氛。教育为立国之本，经济发达的日本、韩国等资本主义国家对现代陶艺文化教育的重视程度以及现代陶艺的发展现状给了我们很好的启示。我国在普及国民基础知识教育的同时加强对陶瓷文化的教育，在整体教育体系中已势在必行。因而，要使陶艺真正成为大众艺术，必须从小抓起，如在中小学适当地穿插一些易懂易制作的日常陶艺的教学，或在大、中小学开设陶瓷艺术等选修课，这样将不会产生对陶艺认识的断层现象。这种连续性的陶艺普及教育必将改变如今接受陶艺的人文环境，推动我国陶艺的发展，从而带动陶艺创造的高潮尽早来临。

目前，北京、上海、广州等大中城市已逐步重视中小学的陶艺教育，特别是上海，还专门成立了上海中小学陶艺教育中心，为陶艺教育的普及开好了头。另外，因为陶艺教育发展缓慢，造成陶艺专业人才就业面窄而转向其他行业，因此，陶艺教育的普及也可防止陶艺人才的流失，这将为陶艺事业发展起到良性循环的推动作用。

3. 走我国自己的陶艺之路

日本的陶艺高度发达，这与日本以强大的经济后盾为基础有关，更主要的是与日本的民族文化特色、生活习惯、审美观念等有关。日本的陶艺以食器、酒具、茶具居多，而日常生活中日本人保留了许多传统的饮食习惯，陶艺制品在日常餐饮中大量使用，这种最与生活贴近的陶艺文化普及，是促使日本陶艺发展迅速的一个重要原因。

发展生活陶艺，不仅仅要继承传统、学习国外，还要与现代所处的时代特点联系起来，要根据现代人的审美个性要求、消费观念、生活习惯等找准发展方向。更深入一点说是要找准陶艺与市场的契合点。如今一些陶艺家正是从这方面出发，在传统的基础上吸取西方与日本陶艺中的营养，做起了艺术含量很高的日用陶瓷器皿，如花插、花瓶、茶具、饭具，甚至烟缸，这些艺术化的日用品投放市场后赢得了消费者的青睐。这应该是开创我国陶艺之路的先锋，也让我们看到了陶艺市场发展前景的曙光。发扬了传统，加强了国际间的陶艺交流，不断培养壮大市场，我国陶艺将走出一条属于自己的道路。归根结底，我国的陶艺是人们适应社会物质、文化生活的需要，是人类物质文明和精神文明的有机结合的产物。它的发展过程将是曲折的，但它有着以深厚文化底蕴为基础的广阔发展空间。可以说，陶艺因生活而张扬，生活也将因陶艺而丰富，陶艺产业将在大众化的趋势之下不断发展。

二、刺绣

刺绣在我国经过较长时间的发展，已经形成了较高的工艺水平。特别是少数民族较集中的云南地区，较具代表性的苗族妇女，素有"善歌舞，巧织绣"的传统，唐代就有"卉服鸟章"的习惯，明、清时代苗族妇女刺绣的"苗锦"，在工艺史上占有重要地位。直到现在，女孩子还是很早就学习绣花，她们绣的物件有两种，一种是日常穿用的衣裙、花鞋、花带等，另一种称作"秘密忙绣"，是结婚后供孩子穿用的小花帽、小鞋、背包面等，皆背着家人，婚后生下第一个孩子时，才将这些东西摆出来，每种都有几十件之多，从不重复，件件惹人喜爱，连男人都要过来欣赏翻看。瑶族也是一个精于刺绣的民族，女孩 6～7 岁就开始学习。没有固定不变的图样，全凭着妇女对生活独到的理解和观察，随意构造。由于少数民族刺绣仍然保持了原汁原味的民族传统特色，在国际工艺展览会上受到海外人士的由衷赞赏，成为极受欢迎的工艺品。自然与生活是云南民族刺绣纹样取材的来源，在种种奇特多变的纹样图案中，蕴涵着智慧、汗水和感情。在仔细读识刺绣作品内容时，人们可以感受到各民族对自己民族文化的珍爱。

甘肃正宁的香包刺绣是另一特色的民间刺绣发展模式。甘肃正宁县一个文化大县，特别是以香包为主的民俗文化底蕴深厚，源远流长。改革开放的春风唤来了正宁县民俗文化产业的春天，正宁县各级领导利用市场经济带给人们的新观念、新思维、新机制让长期以来"藏在深闺无人识"的民俗文化走出窑洞，走向社会。目前，正宁县经营民俗文化产业艺术产品的公司已达 22 家、协会 18 个，固定和季节性从事文化产业的城乡劳力 1 万多人，年生产各类民俗艺术产品 10 大类、160 多个品种，年产量达 22 万件，年生产总值 220 万元，创税 15 万元。

正宁县按照"小香包，大产业；小香包，大市场"的发展思路，通过政府引导，政策扶持和大户带动，民俗产品开发有了较大发展，产业优势日益彰显，产品远销西安、宁夏、浙江、深圳等地，民俗艺术品已涉及香包、刺绣、剪纸、皮影、石雕等 10 大类

160 多个品种，从业人员达到 1 万多名，重点户 650 多户，联营 5 户以上的大户 166 户。以巩娥子的"红楼梦人物"、白彩霞的"孔雀戏牡丹"为代表的香包，以尚秀琴的"旱胜牛市"为代表的剪纸，以黄红的"牡丹"为代表的刺绣，以豆爱英的"老虎"为代表的绒绣以及庞清河的石雕、杨自学的皮影造型典型古朴，形象色彩逼真，受到专家学者的一致肯定。在 2005 年第五届庆阳香包民俗文化节上，中国民俗专家荆之林欣然为正宁县题词："正宁县石雕、皮影、刺绣堪称三绝"。庞清河等 13 人被中国工艺美术学会民间工艺美术委员会命名为"中国民间艺术大师"，杨维勤等 16 人被甘肃省民间艺术学会命名为"民间艺术大师"，昔会科等 50 人被命名为"庆阳民间艺术大师"。

走近正宁县董家庄村赵爱霞香包公司，远远就看见庭院里五彩丝线在几位纯朴的农家妇女手中轻盈翻飞，五彩缤纷，琳琅满目的展厅里，一股沁人心脾的香气扑面而来。赵爱霞是第一批在全县成立香包刺绣公司的农民，通过"公司＋农户"的方式，把一家一户的分散经营集中起来，扩大规模经营。公司自 2002 年 8 月投产以来，已联营农户 52 家，年产值达到 15 万元。她做的香包"小布老虎"被联合国教科文组织收藏，澳大利亚人皮埃尔·吉莱姆夫妇对她做的香包爱不释手……

现在，全县涌现出数十个香包生产专业村，数百个香包刺绣专业户和上千名香包刺绣能手，成立了 23 家香包公司，有 2.5 万名妇女从事长年香包生产，每年香包收入达到 50 万元以上。

在以香包为主的民俗文化产业蓬勃发展的今天，从事民俗文化产业大师们的带动作用和经济效益日益凸显，他们大都成为农村中富得最快的人。正宁县广电局职工家属黄红，以高超精细的刺绣出名，她的刺绣作品"牡丹"在去年文博会上受到专家好评，她被专家评为"民间刺绣艺术大师"，她靠刺绣年收入达 3 万多元。

为了进一步弘扬民俗文化，正宁县制定出台了《关于加快发展民俗文化产业开发的意见》、《正宁县民俗文化产业开发扶持奖励办法》和《正宁县民俗文化产业开发考核办法》等文件，出台了《正宁县香包刺绣生产制作技术规程》，按照"设计求新、做工求精、品位求高"的原则，在香包制作上，借鉴和吸收现代科技成果，改进加工制作方法，引导香包生产由单纯追求外观华丽向提高科学技巧和增加文化内涵转变，真正使香包"香"起来，带动农民"富"起来，推动经济"活"起来。

三、剪纸

剪纸是我国最普及的民间艺术之一。剪纸材料易得、成本低廉、适应面广，最适合妇女闲暇时制作，既可做实用物，又可美化生活，因而广受欢迎。它发源于黄河流域，由当时的农耕民族所创，因此融合了中国农耕社会的民族文化特色，具有鲜明的民族性与地域性色彩。陕西窗花风格粗朴豪放；河北和山西剪纸秀美艳丽；宜兴剪纸华丽工整；南通剪纸秀丽玲珑等，反映了不同区域百姓的生活内涵和文化差别，具有浓郁的民俗特色。这种古老艺术反映了各地人民在气质、风俗、生活、宗教祭祀等各方面的差异，也反映了不同时代的历史特征。在艺术上，其造型特点也很值得研究。

剪纸可分为下述几类。

按作者分类，有民间剪纸、艺人剪纸和文人剪纸；按用途分类，有装饰类、俗信类、稿模类、其他类；按用纸及表现技法分类，有单色剪纸、阳刻剪纸、阴刻剪纸和阴阳结合剪纸。

其表现手法为：

剪影：通过物像外轮廓来表现形象，所以它最注意外轮廓的美和造型。

彩色剪纸、套色剪纸：套色剪纸是剪纸艺术中应用较为广泛的一种表现方法，一般多采用已完成的阳刻主稿拼贴上所需要的各种色纸。

　　柘荣县是中国民间艺术之乡，柘荣剪纸被列为福建省首批非物质文化保护遗产。2007 年年初，柘荣向国家文化部申报柘荣剪纸为"国家级非物质文化遗产"。近年来，柘荣县政府从扶持发展剪纸商品的产业开发入手，找到了一条以文化产业发展来带动非物质文化遗产保护，实现"非物质文化遗产保护"和"文化产业发展"双赢的好路子。一是成立民间剪纸艺术研究会和民间艺术工作办公室，出台《柘荣县"中国民间艺术之乡建设规划"》等政策文件。二是组织广大民间文艺工作者分赴河北蔚县、山东潍坊等全国各地考察剪纸市场，开发剪纸产品 100 多种，变艺术优势为经济优势和产业优势。三是成立"柘荣县剪纸产业中心"，引导剪纸作品的作者、文化商品经营者联合创办股份制的经营实体，不仅在当地开设剪纸产品专营店，还在北京、上海、浙江、福州、厦门、广州等地开设有柘荣剪纸商品代销窗口，并通过"9.8"厦门贸洽会、海峡旅游博览会、广交会、深圳文博会等平台，将剪纸商品推向国内国际市场。全县现已形成剪纸专业户 15 个，拥有剪纸企业两家，个体手工作坊 30 多家，开发剪纸旅游产品 6 大类、100 多种，带动从业人员 1000 多人，年平均产值达 150 多万元。

　　2007 年 5 月 26 日，该县在浙江平阳组织召开了闽浙边界文化产业交流座谈会，并安排了 4 位中青年剪纸艺人在鸥南礼品城柘荣剪纸产业经营部进行现场表演。这个经营部自 2006 年设立以来，已先后接到上海、江苏、南京、温州等地的业务，合同金额 70 多万元。为了进一步加快柘荣剪纸产业发展，眼下柘荣县正积极扩大规模，建设剪纸产业基地，力争成为福建省文化产业示范基地，并认真筹备参加厦门"9.8"贸易洽谈会暨海峡旅游商品博览会。柘荣剪纸正朝着以民间文化艺术发展带动剪纸等非物质文化遗产的保护与传承，达到社会效益与经济效益双赢的方向迈进。

　　在 2007 年深圳（国际）文化产业博览会上，柘荣县代表团参与展销的 210 多件、10 多个品种的剪纸工艺品销售殆尽，剪纸展台吸引了 3 万多观众驻足参观，美国、新加坡客商、深圳世界油画基地大芬村、深圳动漫公司等 10 多位国内外经销商前来洽谈柘荣剪纸代理、经销事宜。

四、雕刻

随着观光农业的发展，人们已不满足于基本的吃住玩乐和当地的农副产品销售，而转向具有当地浓郁地方风情的工艺品开发。地处沂蒙山腹地的蒙阴县有桃园之称，立足资源优势，着力开发旅游文化产品，这里所产蜜桃个大味美，驰名中外，其木质细腻，木体清香。桃木在我国民间文化和信仰上有极其重要的位置，几千年来，桃木就有镇灾避邪之说，被称为神木。辞源："古代选桃木枝刻桃木人，立于户中以避邪"。汉时，刻桃木印挂于门户，称为桃印。后汉书仪志中："仲夏之月，万物方盛，日夏至阴气萌作，恐物不懋……"以桃印长六寸方三寸，五色书如法，以施门户。宋代刻桃符挂于门上意为压邪。现东南亚国家民间以桃木剑置于户中用于避邪。

蒙阴县根据观光需求，采用传统手工雕琢，生产出中华牌桃木宝剑，设计独具匠心，图案吉祥，雕刻精细，极具观赏和收藏价值。产品出口韩国、东南亚国家和我国台湾地区。还根据市场需求制作出几百种桃木工艺品，如：人物（关公，观音，财神，寿星等）、动物（龙，凤，鹿，象，十二生肖）、风景、挂件（汽车挂件，生活实用挂件）、摆件等。不仅满足了顾客的观光与购物需求，同时也为当地的桃木综合利用开辟出新路。

第九章　农村口述文化资源

第一节　口述文化

一、口述文化是非物质文化遗产的重要部分

关于非物质文化遗产，最权威的定义出自联合国教科文组织的法律文件——《保护非物质文化遗产公约》（以下简称《公约》）。《公约》以包括中文在内的六种有效的语言文本拟定。中文文本指出："'非物质文化遗产'指被各群体、团体、有时为个人视为其文化遗产的各种实践、表演、表现形式、知识和技能及其有关的工具、实物、工艺品和文化场所。各个群体和团体随着其所处环境、与自然界的相互关系和历史条件的变化不断使这种代代相传的非物质文化遗产得到创新，同时使它们自己具有一种认同感和历史感，从而促进了文化多样性和人类的创造力。"《公约》所采用的"非物质文化遗产"这个术语，又可称为"无形（非实物）遗产"，是相对于有形遗产即可传承的可触摸的物质遗产而言，是联合国教科文组织对其"文化遗产"概念的重要扩充。其所指主要内容，大体相当于我国通常所说的"民间文化"。在《公约》的基础上，我国于 2006 年公布的《国务院办公厅关于加强我国非物质文化遗产保护工作的意见》（以下简称《意见》）采用了以下通俗易懂的界定：非物质文化遗产指各族人民世代相承的、与群众生活密切相关的各种传统文化表现形式（如民俗活动、表演艺术、传统知识和技能，以及与之相关的器具、实物、手工制品等）和文化空间。

《公约》指出，"非物质文化遗产"主要包括：（a）口头传说

和表述，包括作为非物质文化遗产媒介的语言；（b）表演艺术；（c）社会风俗、礼仪、节庆；（d）有关自然界和宇宙的知识和实践；（e）传统的手工艺技能。在上述分类的基础上，《意见》增加了"与上述表现形式相关的文化空间"，使这一内容更为全面明确。《意见》指出，非物质文化遗产可分为两类：①传统的文化表现形式，如民俗活动、表演艺术、传统知识和技能等；②文化空间，即定期举行传统文化活动或集中展现传统文化表现形式的场所，兼具空间性和时间性。《意见》从表现形式和承载空间上对我国的非物质文化遗产做了界定，是我们认定非物质文化遗产的基本依据。

非物质文化遗产的重要特征在于人是其主体和传承者，以口传心授作为主要的传承方式，它的存在和传承依赖于人的存在。非物质文化遗产的载体是人而不是物，是活态的存在，因而会随着传承人和受众的消失而销声匿迹，不像物质文化遗产那样可以长期存放，甚至可以以物化的形式保存在博物馆中。比如古琴和昆曲，只要还有艺术家和观众（或听众），这项宝贵的非物质文化遗产就能传承下去，一旦人亡艺绝，就不可再生，不可复得，只会留下千古遗憾。非物质文化遗产是各国人民集体记忆的保管者，只有它能确保文化独特性和文化多样性。非物质文化遗产的不可再生性，使得这项保护工作刻不容缓。因此，要采取有效手段，保存和保护非物质文化，确保遗产传承人及其文化空间能得以持续并传承。

二、口述文化的特征与意义

人类口述和非物质遗产（简称非物质文化遗产）又称无形遗产，是相对于有形遗产，即可传承的物质遗产而言的概念。是指各民族人民世代相承的、与群众生活密切相关的各种传统文化表现形式（如民俗活动、表演艺术、传统知识和技能，以及与之相关的器具、实物、手工制品等）和文化空间。

口述文化正是非物质文化的重要特征文化。文化的发展是保持在一种平衡状态之中的。文化是一个综合的概念，没有文字记载不等于没有文化，相反，人类口述历史又恰恰在某些重要时期填补了文字历史的空白，连接历史，又延续了历史，并使历史呈现出活态的形态。特别越是文字记载相关少的地区地域和民族区域，口述文化史其实更充分地、生动而鲜活地活态存在着。如东北口述文化史就是东北文化史中重要而有特色的文化资源，具有重要的价值，这是由东北自身的历史状况所决定的。东北民族有口述历史的习惯，并作为一种宗教的制度和风俗在族人中长期实施并流传。比如北方主要民族之一的满族有一种"说古"的习惯。说古，就是讲古话、古趣，包括满族的口述文字说。

人类的历史只有很少一部分被文字记载下来，更多的更重要的部分是传承在人自身的生存历程上，而口述历史正是人类生存的重要而珍贵的部分。口述文化是非物质文化的重要特征文化，联合国教科文组织提出抢救和保护非物质文化是基于 21 世纪世界各民族经济发展的现状，基于保护世界文化的多样性，基于以科学的态度去总结人类的生命史和生存史才提出来的。

历来的文化史只靠文化记载的历史去认证和检验是不完整也是不准确的。人类口述文化史虽然没有被文字记载，但一样也是通过人类去使用它们传承下来，它时时在人类的生活中存在，在人们的生存规俗中被传承，在人们的精神运动中起着支配的作用。这是一部分被忽视和几乎遗忘的人类知识资源角落。

人类的口头和非物质文化属于集体创作，凝聚着民间的集体智慧，承载着千百年来人类生存形成的精神需求和道德观念、价值体系，具有潜移默化的法约性，构成一种无形的行为规范，对于人类的生存指导行为有巨大的指示作用。因此，这种文化才能以一种自然的形态生存下去，并在人们的日常生活中起到至关重要的作用。

口述有许多文字表达所不及的优势。文字表达固然能超越时空，传承后世，也可成为全球化的工具，乃至"文字狱"的根据，但是，口述表达却有身势、表情、语调、场景的"合谋"，生动地传达寓意，包括大量不可言传的直觉和不可推理的意识。民间口述还有一个特点，那就是它高度依赖语境，也高度依赖传统。叙述者、叙述的事件和听众共同创造了意义。民众长期积累的知识，是理解口头表述的前提。这些由讲述者和听众共享的知识，就构成了传统的内容。

第二节　农村口述文化的内容

农村是人类社会最基本的生产基地，农民是最普通的生产劳动者，建立在这种社会关系基础上的农村文化，以简洁的表达形式、简便的交流方式为基本特征，其中，口口相传的口述文化是主要的文化形式。山东农村场院式的说唱大书、少数民族的对歌和歌舞等等，都典型地反映了在农村特有的生产方式下形成的口述文化的特征。小康社会的农村，生产力水平的提高和农民生活水平的改善，由于多媒体手段的采用，农村口述文化更加丰富多彩。

农村口述文化内容广泛，形式多样，比较常见的有地方方言、山歌、民谣、歇后语、民间传说、地方戏曲等。

一、方言

方言是有地域特征的非物质性历史文化。农村方言是一定地域的农村文化发展的积淀，也反映了该地区人们语言交流的表达方式和独特的文化倾向。方言土语的背后是鲜活的地域文化，人们通过这些特别的音、特别的文字，接触、交流、发展和繁荣各自地方的文化。当前，方言土语已经成为发展地方文化生活，体验地方特色，娱乐地方百姓，传播地方文化的流行元素。

二、山歌

山歌是我国民歌的基本体裁之一。在国内各地流传分布极广，蕴藏也极为丰富。关于山歌的定义，有不同看法。一种看法认为，凡是流传于高原、山区、丘陵地区，人们在各种个体劳动如行路、砍柴、放牧、割草或民间歌会上为了自娱自乐而唱的节奏自由、旋律悠长的民歌，就是通常所说的山歌。另一种看法认为，从体裁特征而言，草原上牧民传唱的牧歌、赞歌、宴歌，江河湖海上渔民唱的渔歌、船歌，南方一些地方婚仪上唱的"哭嫁歌"，也都应归属于山歌。因为它们同样具有在个体劳动中咏唱，歌腔自由舒展，自娱自乐等基本特征。一般来说，这种广义的山歌概念更有助于我们对山歌体裁艺术特色的理解。

我国山歌的流传分布主要集中在内蒙古高原、西北黄土高原、青海高原、新疆高原、西南云贵高原、秦岭大巴山区、大别山区、武夷山区、西藏高原一带。其中最有代表性的传播区及其品种有：内蒙古草原的各种"长调"歌曲，晋、陕、内蒙古西部的"信天游"、"山曲"、"爬山调"，宁、甘、青地区汉、回等族的"花儿"，新疆各民族的"牧歌"，陕南、川北的"姐儿歌"、"茅山歌"、"背二哥"，大别山区的"慢赶牛"，江浙一带的"吴山歌"，赣、闽、粤交汇区的"客家山歌"，云、贵、川交界地带的"晨歌"（又名"神歌"）、大定山歌、弥渡山歌及各族山歌、各藏族聚居区的"藏族山歌"及广西的各族山歌等。

三、民间地方戏曲

"地方戏"作为传统文化表现形式，是指凝结着某一地域的民风习俗、从而成为那一地域的大众喜闻乐见的演剧形式。它是流行于一定地区，具有地方特色的戏曲剧种的通称，如秦腔、川剧、沪剧，是同流行全国的剧种（如京剧）相对的。地方戏曲是地方文化的重要组成部分，也是地方历史文化的活化石。一方面，地方戏是我国非物质文化遗产的重要组成部分；另一方面，地方戏又具有不同于其他非物质文化遗产的特殊性。这是因为，地方戏是"活态"的传统文化表现形式，它既传承着一定的历史文化传统，又期待着在时代精神的表现中实现文化传统的创造性转换。

戏曲的产生是一个渐进的演化过程。我国的戏曲有着悠久的历史，是世界上一种独特的戏剧艺术。由于中国地域辽阔，民族众多，各地的方言不同，形成了丰富多彩的地方戏。据统计，中国的地方戏遍及全国各地，有300多种，可以称得上世界之最。其中影响比较大的有评剧、粤剧、越剧、豫剧、黄梅戏等。在戏曲艺术中，最先发展起来的就是民间戏曲。民间戏曲种类庞杂，声腔众多，演出的时候也有很多习俗。

目前，国内许多地方都已经开始采取措施保护地方戏曲。如福建省屏南县是有名的民间戏曲之乡，县内有四平戏、平讲戏、乱弹戏等七大剧种。闽东北流传着这样一句民谣："看戏屏南班，下酒老鼠干，零吃地瓜干，配粥豆腐干。"道出了屏南民间戏曲的历史状况和广泛影响。

素有"中国戏曲艺术摇篮"之美誉的山西省，正在从政府到民间积极行动起来，全力抢救和挖掘地方戏曲，加紧保护不可再生的口头民族文化遗产。另外，地处河南、湖北、安徽三省交界的河南省潢川县，现已抢救性发掘出以火绫子、凤凰展翅、霸王鞭、春牛、狮子、条龙、花鼓灯、皮影戏、光州大鼓等为代表的民间歌舞和地方戏曲40多种，其中，嗨子戏的唱腔、音乐通过整理已收入《河南音乐集成》。

四、歇后语和民谣

歇后语和民谣是一种纯朴的社会舆论和乡间意识形态，是乡村文化的重要组成部分，较为通俗、风趣、幽默、易记、上口，是村民们的"无声"智慧，既表达情感，又传承历史，其实质是

"由人类社会实践和意识活动中长期孕育出来的价值观念、审美情趣、思维方式等构成的心态文化层"。

在传统乡村，只要有空闲，男人们无论老少，都喜欢聚集在村里的公共场所，如大树根下的石条、石凳、石桌旁，十字巷口的石条上，以及祠堂、小商铺里人员易于集中的地方，谈天说地，通过其乐融融的氛围交流着彼此的信息和思想感情，品评村中发生的事情、各人的所作所为，"感于哀乐，缘事而发"。由于文化水平低下，他们编不出具有政治影响力的顺口溜、民谣，但熟悉自幼生长的村庄、人员，受村中文化熏陶，自然会根据村中习惯和文化、生活中出现的诸种现象进行"创造"，编出"教化"下一代或品评村人的话语。一人编不成，就两人、三人、四人……你一句，我一句，经由众人补充、修改，最终形成村中的歇后语和民谣。洗衣服、洗菜的水埠头，则是妇女们交流信息、品评人物、品评事件的主要场所，同样是乡村歇后语和民谣的发源地。

一般说来，不同族群、不同乡村具有不同"圈子"的歇后语和民谣。因为同一事件在不同的文化情境中得到的品评不一定相同，而且受到"家丑不外扬"观念的约束，所以其含义只有村中人才能理解、明了。加上事情发生在某村，先是某村村民们的议论、品评，然后在村中扩散、传播，在这一过程中被不断地改造、提炼，日积月累，最后归纳成言简意赅但颇具深刻意义的乡村歇后语和民谣。乡村歇后语和民谣的传播过程，并不是高频率地时常发生，其承传需要特定的场所、特定的群体、特定的指向、特别的事件或者特定的情境，来唤起人们对曾经发生过的往事的回忆，进行再次挖掘和诠释，对传统中找不到诠释事例的，则进行重新编纂和构建，生生不息，不断延传，形成独具村中特色的文化传统。

这些话语在扩散、传播的过程中，经过村民议论和"精英"的创新、诠释、改造，编成各种各样的故事，赋予了更多幽默色彩和教育价值，体现着村民们对事件评判的道德标准和价值取向。通过承传者的表情和语调传递表述者的意图和价值取向，同时引导村民发掘隐藏于其中的深意和形象的联系，暗示并使之对村中发生的某个问题进行思考、分析、评议，营造舆论，以达到承传者的目的。

乡村歇后语和民谣在很大程度上是乡村群众日常生活经历的发展和延续，它源于日常经历，也反过来被日常生活经历所解释，成为村民对照、约束自身行为的一只"无形"的手，起着劝诫、引导、鼓励、压制的作用，是村民品评人物、事件的一把尺子。

作为乡村文化重要组成部分的歇后语和民谣，是"不成文的历史"，存在于村民的历史记忆之中，是文化水平低下的村民们通过口头语言表达情感、传承历史、评判事件的工具，是村民普遍认可并接受的伦常规范。通过各种有形的、无形的手段对人们施加影响，虽然外来者只知其言而不知其所以言，但只要是当地村民，从小耳闻目睹，对各种标示传统文化含义的言语，无不熟悉剔透，从而保证乡村文化传承的完整性和强大惯性。村民是这种文化传承的主要载体和最为重要的角色。在村子里，每个村民从出生到死亡都受着大众创造的、为大家所认同和共同遵守并且已成定势的风俗习惯的熏陶和约束，因而，在一个民族里，社会成员的社会化过程，实际上就是该民族文化的一种集体传承过程。要传承本村的歇后语和民谣，就必须传承相应的语言、历史、风俗习惯、道德规范，否则就不可能了解它们的渊源并理解其深刻内涵。

作为乡村口述传统文化重要组成部分的歇后语和民谣，源于乡村的偶发事件和闲聊，具有明显的随意性和不可预见性。因其深刻喻义的教化功能和独特的传承载体、传承模式得以在乡村代代相传，经久不衰，一定程度上维持着乡村的稳定秩序。

第三节 农村口述文化资源开发模式与经营管理

一、广西黑衣壮山歌文化产业发展

壮族的民歌种类很多，按照思想内容可以分为诉苦歌、情歌、风俗歌和革命歌谣，其中以情歌的数量最多，艺术价值也较高。壮族的山歌文化源远流长，他们演唱的山歌雅致、含蓄、深刻，内容丰富多彩，手法灵活多变，修辞适当。其中那坡县黑衣壮人以其独有的风情发展了广西山歌文化。

广西黑衣壮主要分布在那坡县。在这个人口不足 20 万的小县城，有近 6 万黑衣壮成员。黑衣壮自古崇尚黑色，以黑为美，以银为贵。黑色，成为他们的一种民族标记，千年不变地传承下来。

生活在大山里的黑衣壮，人人从小就会唱山歌。黑衣壮的山歌反映爱情、反映劳作，内容十分丰富。广西音乐家协会主席傅馨先生评论说黑衣壮山歌"天籁般的声音，穿透层层山峰，像一股清风扑面而来，像一股清泉从你身边流过。而且（歌声）高亢嘹亮，很纯净"。

广西壮族自治区那坡县"尼的呀"合唱团把黑衣壮的山歌文化带到了外界。"尼的呀"在壮语中是"特别好"的意思。黑衣壮的山歌特别好，非常有特色。黑衣壮的山歌分六种，（表现）日常生活的方方面面。接待客人的时候是歌，敬酒的时候也是歌，所以能够世代传承下来。

热情、好客的黑衣壮人有其传统的风俗礼仪。每当有客人进村，都能远远听见迎客的敲锣打鼓声。走近时，几十个黑衣壮人早已站在寨口，手捧农家酒，迎接客人到来。他们全身上下清一色黑色打扮，黑头巾、黑衣、黑裤、黑布鞋，黑得奇特，黑得让人震撼。一身黑衣的妇女们，头上的银钗，颈上的银链，在阳光的照耀下，闪着点点星光，十分动人。

进村后，在民居木楼前的空地上，黑衣壮的青年男女开始为客人表演独特的山歌和舞蹈。黑衣壮人边唱山歌边敬酒，客人接过酒杯后，要一饮而尽，不然黑衣壮人会认为你瞧不起他们。

生活在大山里的黑衣壮以农业生产为主，单一的种植业使他们的生产生活水平较为低下。近年来，借助黑衣壮独特的山歌文化和民族风情，当地开始发展旅游业。黑衣壮独特的山歌文化和民族特色，让前来一探黑衣壮究竟的游客们流连忘返。龙华村的许多黑衣壮家庭改善了居住条件，村民们还组织了山歌表演队弘扬山歌文化。旅游业的发展改善了黑衣壮人的贫困生活状况。不少人家里有了电话、电视机等，与外界加强了信息沟通。45岁的壮族阿妈杨贵金，从未走出过大山，她说："现在搞了旅游，天天都有游客来。生活比以前好多了，各家各户都可以送小孩上学，以前我们都送不上的。"那坡县打造黑衣壮文化品牌，不仅弘扬了民族文化，同时也在用文化向贫困挑战，通过整合民族文化资源，发展民族旅游，最终拉动经济发展，带领群众走出一条文化脱贫致富的道路。

山歌的表现形式淳朴、自然、真实，乡土气息格外浓厚，尤其是结构短小，韵味和谐，朗朗上口，易歌易记，流传方便，因此群众基础十分扎实，可谓"处处有山歌，人人唱山歌"。除广西那坡县之外，还有许多其他地区山歌流传甚广。

在壮族群众聚居的许多地方，形式多样的山歌活动还在红红火火地开展，还保持着很大的社会影响力。例如，在天等县向都镇一带，山歌传统得到了较好的保持，其周边地区德保、靖西、田东等地，山歌也非常盛行。在那里，形成了一个历史悠久、根基稳固、范围广大的山歌根据地。1992年，刚刚恢复举办的向都霜降山歌节，虽然只有9个歌队参加，但场面异常火爆，观听者如云。1993年的向都霜降节，参赛队猛增到33支，盛况空前，参赛歌手来自天等、德保、靖西、大新、田东等县，影响之大可想而知。向都霜降节的山歌比赛现场实况还被德保县的影音工作室录制成光盘，在市场上出售，具有较大的社会影响力和市场潜力。

又如柳州是传说中壮族歌手刘三姐的故乡，"三姐山歌千千万，五湖四海装不完"。外地歌手常来赛歌学歌，因而使柳州成为附近各族歌手和广大群众演唱山歌的活动中心。清乾隆版《马平县志》载："少妇于春时三五为伴，采芳拾翠于山淑水湄，歌唱为乐。少男亦三五为群，歌以赴之，一唱一和，竟日乃已……"柳州唱山歌的习俗历代不衰，如闹元宵、庙会、中秋歌会等均以不同的方式相沿下来。"鱼峰山上姐成仙，山歌传下几千年。如今广西歌成海，都是三姐亲口传"。柳州山歌世代相传，如今，立鱼峰下，小龙潭边，新老歌手在这里"以歌会友"，抒发对生活的热爱之情，成为柳州市富有地方特色的人文景观之一。

再如，近年来张家港凤凰镇通过一些大策划、大活动、高平台使得河阳山歌广为人知。河阳山歌专题片在美国 SCOLA 电视网、美国纽约中文电视台、新加坡国家电视台播出。香港《明报》、韩国中文出版社均对河阳山歌做过详细报道。同时央视《乡约》、《探索·发现》也推介河阳山歌。2008 年 3 月 29 日，首届中国张家港河阳山歌节暨第三届凤凰桃花节在张家港凤凰镇开幕，近年来张家港市将河阳山歌作为一种文化品牌来打造，制订了《河阳山歌保护十年规划》，建立了 5000 多平方米的"山歌馆"，成立了山歌演唱队，在中小学开设了河阳山歌的音乐课程；举办河阳山歌推介会，将千年山歌推向全国，解决了传承与发展的问题。目前，张家港市正借助河阳山歌的全球浪潮，积极推广凤凰千年红豆树、恬庄古街等文化产业品牌，正在形成一个以河阳山歌为主轴的文化产业链。

山歌文化正在全国各地蓬勃发展，在打造山歌文化产业时，应注意以下几点：首先，山歌活动要有稳定的主办方，长期不断地开展山歌活动。山歌活动制度化、系统化、规范化，才能树立起有影响的民族文化活动品牌，做好山歌活动的市场文化经营。其次，对于有传统、有影响、有潜力、发展势头好的山歌活动，如山歌节等，主办方要做好这些山歌活动的规划发展工作，树立起具有广泛、持久、稳定的社会影响力的民族文化活动品牌，才有利于寻求企业的赞助。对山歌活动进行市场经营，最忌讳"三天打鱼、两天晒网"，山歌活动时热时冷，不成气候。再次，对于山歌文化进行品牌经营，包括明星山歌手的形象塑造，要打造一批有影响的歌王，利用他们的个人魅力来扩大山歌活动的影响。

二、东北二人转文化产业发展

东北文化的主体文化是以民间文化为核心，表述方式则是口头的口述方式。这部分文化形成了东北重要而又丰富的文化形态，并以突出的特征融入了东北的历史和文化。东北二人转则是东北民间口述文化的典型代表。

二人转亦称"蹦蹦"，是在东北地区喜闻乐见、具有浓郁地方色彩的民间艺术，至今已有 300 多年的发展历史。它是在东北大秧歌的基础上，汲取了"莲花落"等艺术形式演变而成的。最初的二人转，是由白天扭秧歌的艺人在晚间演唱东北民歌小调（俗称"小秧歌"），后来，随着关内居民的增多，加上长期以来各地文化的交流，大大丰富了二人转的内涵。在原来的东北秧歌、东北民歌的基础上，又吸收了莲花落、东北大鼓、太平鼓、霸王鞭、河北梆子、驴皮影以及民间笑话等多种艺术形式逐渐演变而成，表演形式与唱腔非常丰富。由于贴近生活、诙谐风趣，长期以来深受东北群众尤其是广大农民的喜爱，唱本语言通俗易懂，幽默风趣，充满生活气息，民间有"宁舍一顿饭，不舍二人转"之誉。作为地道的"草根"艺术，二人转是东北农民最为喜爱的一种娱乐消遣。可以说，二人转最能体现东北劳动人民对艺术美的追求。

二人转是东北劳动人民自己创造的艺术形式，里面包藏着人们的喜怒哀乐。它十分生动地反映了东北的文化、民俗、道德和观念，可以说是"东北民间文化的百科全书"。现在有 400 多个保留剧目，有很多名段，其中影响较大的有《西厢》、《包公赔情》、《王二姐思夫》、《蓝桥》和《杨八姐游村》等。现在全国每天有近千个演出场所上演二人转，仅北京就有 128 个演出场所，很难估算出全国到底有多少演出队伍，要是粗略估计一下，包括音像、布景、后期延伸服务等工种，全国有近 10 万大军。

二人转的兴起，形成了东北重要的文化现象，活跃了演出市场，演出灵活便利，票价低廉，自由观看，保障了广大低收入者的文化权益。赵本山领衔创办的"辽宁民间文化艺术团"，在沈阳刘老根大舞台演出二人转，已经成为沈阳文化旅游的亮点，是观光游客在沈阳的"首选文化节目"，甚至达到提前一周卖光门票的地步。从文化产业角度来看，二人转已经是大众娱乐业中最红火的一个行业，辽宁各城市内挂牌的二人转专业演出场所有 30 多个（每天都上演），这里不包括茶社、广场、农村、乡镇，如果都加上，应该有几百个演出场所。

二人转是关东人的精神财富，是关东地的文化精髓。二人转是关东文化的一面镜子，是关东文化发展的轨迹和投影。2006 年 6 月 2 日，东北二人转成功入选第一批国家级非物质文化遗产名录，这是对二人转的承认，也是对二人转民间艺人的认可。

作者简介

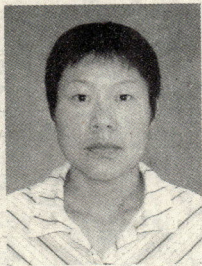

　　黄映晖，女，2005年毕业于中国农业大学农业经济管理专业，获管理学博士学位。现为北京农学院都市农业研究所助理研究员。主持并参与多项科研课题，公开发表论文10余篇，撰写专著1部，副主编著作3部。